プロカウンセラーが教える

場面別

傾聴術レッスン

心理学博士
古宮 昇 監修

ナツメ社

プロカウンセラーが教える 場面別 傾聴術レッスン◆目次

第1章 求められる傾聴力とは

第2章 心理カウンセリングから学ぶ傾聴の基本

第3章 傾聴場面にあらわれやすい心理

防衛
機制

レッテル

すごいわ!
えらいわね
うまいね
いいよ
ヘタね!
ダメだ!
遅いよ
まったく〜

第4章 知っておきたい場面別アプローチ

編集協力 ― 株式会社編集工房Q
執筆担当 ― 湊美穂
イラスト ― 志賀均
編集担当 ― 山路和彦（ナツメ出版企画株式会社）

第1章

求められる傾聴力とは

一般のコミュニケーション技法として広まりつつある傾聴と、カウンセリング技法としての傾聴の違いを整理しておきましょう。

傾聴は、人と人とをつなぐコミュニケーション

良い人間関係は、良いコミュニケーションから生まれるといわれます。コミュニケーションは、いったいどんな働きをするのでしょうか？

コミュニケーションは心の距離を近づける

コミュニケーション能力を磨きたいと思うのは、人づきあいに苦手意識のある人や人間関係に悩みがある人ばかりではないはずです。仕事に役立つからという人もいれば、就職活動を成功させるためという人もいるでしょう。もっと友だちを増やしたいという人もいれば、夫婦げんかを減らして円満な家庭を築きたいなど、いろいろな理由が考えられます。

しかし、**コミュニケーション能力を高めることの一番の利点は、心の安定や幸福感が得られる**ことにあります。**気持ちを伝え合う温かい対話ができるようになると、互いの心の距離が近づいて、つながりが強くなり、安心感や充足感で心が満たされるようになる**からです。

コミュニケーションの二つの役割

コミュニケーションには、大きく二つの役割があります。その第一にあげられるのが**情報の伝達**です。

情報を正確に伝えることは、コミュニケーションの重要な役割ですが、情報伝達のみに徹してしまうと、人間関係はうまくいきません。上《じょう》意《い》下《か》達《たつ》型の組織で、まわりの意見は聞かず一方的に命令を下すだけの上司は、たいてい嫌われるものです。

コミュニケーションのもう一つの役割は、**互いに理解を深めて共通の認識をもち、共有世界を構築すること**です。

何でも話すことができる気のおけない友人が相手

であれば、おしゃべりも楽しく、共有世界を築くのに、それほど苦労することはありません。

しかし、社会生活の中では、異なる価値観や生活歴をもつ人、年齢に開きのある人とのつきあいが大半を占めています。そういったまったく異なるバックグラウンドをもつ人たちとのつきあいは、共通の話題を見つけるのが大変で、感じ方にも温度差があって、意見が食い違うことも多く、気が重いものです。共有世界を築くなんて、とても無理だと思うかもしれません。

しかし、そのできそうもないことを可能にするのが、この本のテーマである**傾聴技法**なのです。

距離は近ければいいわけではない

人との距離には、物理的距離と心理的距離があります。心理的距離が遠い人が、体にふれるほど近づくと不快感を覚えます。

心理的距離が近ければ、物理的距離が近くても気にならない
しかし、物理的距離も心理的距離も近づきすぎると……
あなたの秘密も教えて
心理的距離は遠ざかることがある
物理的距離だけでなく、心理的距離も適度な距離を保つことが大切です！

ポイント　**コミュニケーション能力は、相手と共有世界をもつことができるかにかかっている。**

相手の話を受け止めると、共有世界が築かれる

話を聴くのは受け身の行動で、積極的に何かを働きかけるわけではありません。それなのに、なぜ人間関係がよくなるのでしょうか？

情報は発信するよりキャッチする

共通の話題が見つけられない相手と話をするのは、誰でも苦手なものです。共通の話題がない人とはすぐに話が途切れ、気まずい沈黙が流れることになるからでしょう。話がはずまない相手とは、価値観も大きく異なるように感じてしまいます。

そんなときには**情報を伝達することよりも、相手から発信されてきた情報をキャッチする**ことに注意を払うようにします。

また、意識するかしないかにかかわらず、あなたが「この人とは価値観が違いすぎる」と心の中で拒否していれば、相手に必ず伝わります。そのような状態で、いい人間関係が築けるわけがありません。

苦手意識を捨て、素直な気持ちで相手が発信してくる情報に耳を傾けるようにすると、それまでのぎくしゃくしていた関係が嘘のように、双方向の円滑なコミュニケーションが成り立つようになります。

価値観を肯定されると、承認欲求が満たされる

価値観は漠然とした概念ですが、物事に対する考え方や感じ方、好みの総体で、さまざまな体験を通して形成され、人の生き方を根底で支えているものです。ですから、**自分の価値観を認めてもらうことは、自分自身の存在を肯定されるのと同じ重要な意味をもちます**。

話に耳を傾けてもらうと、話し手は聴き手に自分の価値観が受け入れられたと感じ、自分の存在意

義を見いだすことができるようになります。すると、それまでの苦労や努力が報われて、心の中に安心感が広がるのです。

その底流に流れているのは、**他者から認められたい、尊敬されたいという欲求**です。欲求は行動の原動力となるものですが、同時に緊張状態をもたらします。欲求が満たされると、人は緊張から解き放たれ、充足感を味わうことができるのです。

そして、欲求を満たしてくれた相手、自分の価値を認めてくれた相手に報いたいという気持ちが働くようになります。この気持ちが信頼感へとつながり、少しずつコミュニケーションが円滑になって、共有世界が築かれてゆくのです。

ポイント

話に耳を傾けることは、相手の考えを肯定し、その人の存在価値を認めることになる。

マズローの欲求５段階説

他者から認められたいという承認欲求は、マズローの欲求５段階説の４段階目にあたり、足りないものを満たすための欠乏欲求です。

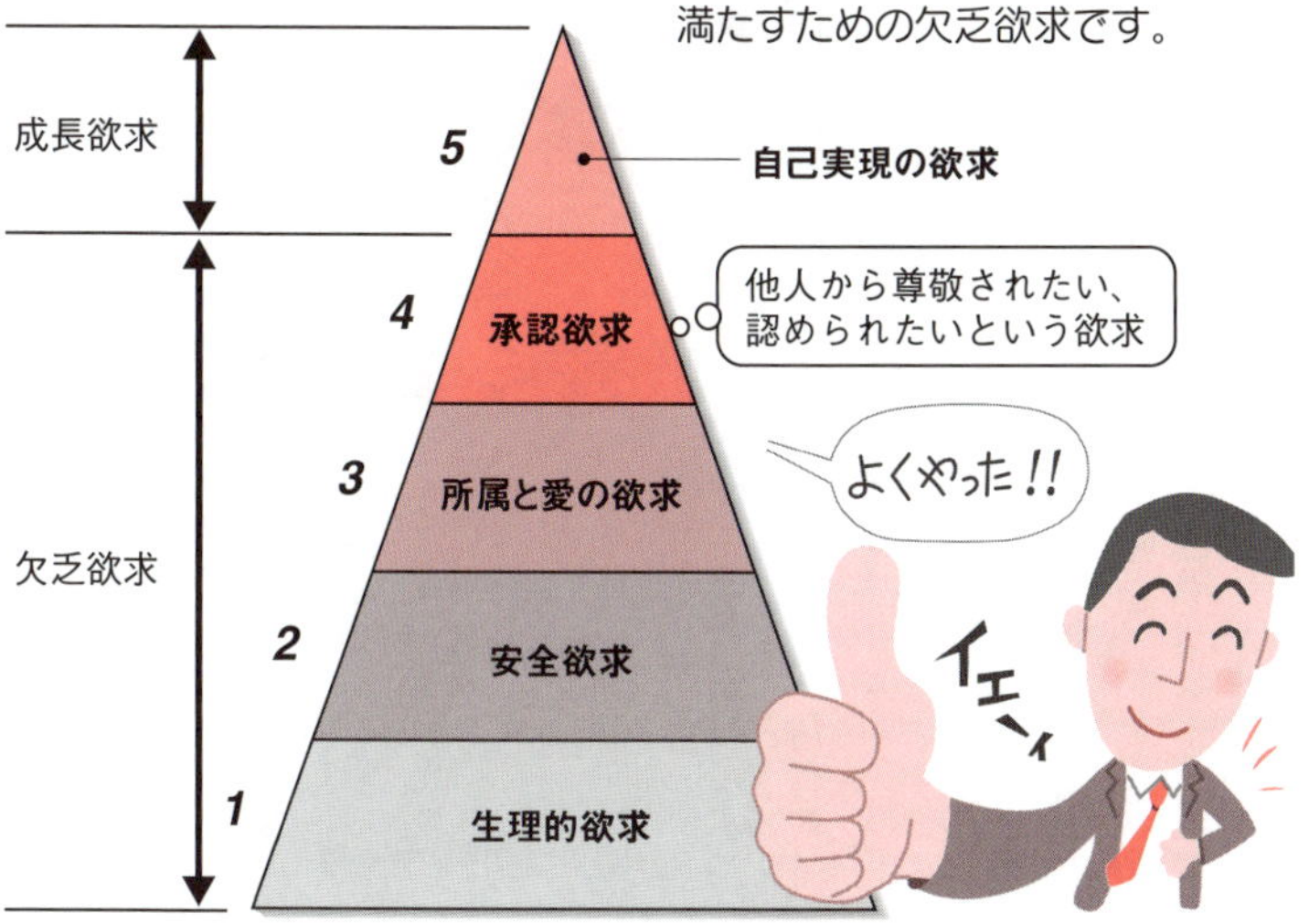
成長欲求
欠乏欲求
5
自己実現の欲求
4
承認欲求
他人から尊敬されたい、
認められたいという欲求
3
所属と愛の欲求
2
安全欲求
1
生理的欲求
よくやった!!
イエーイ

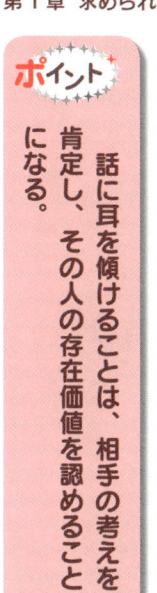

人は好意を受けたら返そうとする

「話に耳を傾けているだけで本当に信頼関係が生まれるの?」と、まだ半信半疑の人のために、もう少し説明を加えておきましょう。

心は自動的に反応する

デパートの地下街に行って、たくさんの試食品が並んでいると、買うつもりはなくても味をみてみたくなるものです。数種類の試食品を並べているお店では、一つ食べると、販売員に「これはどう?」「こっちもおいしいよ」と、つぎつぎに勧められたりします。その勢いに押されて試食品をいくつか食べてしまったら、それこそ販売員の思うツボ。何も買わずにその場を離れることになんとなく後ろめたさを覚え、試食をしていなければ決して買わないような商品が食卓に並ぶことになるのです。

実は、これはマーケティング方法の一つで、「返報性」という心理を利用しています。

返報性とは、好意や利益を受けた相手にはお返しをしたくなるという心理をあらわす法則です。好意を受けると、そのことが動機となって、お返しをするという行為が自然に生まれてくるというわけです。

返報性が信頼関係を生む

返報性は、人間の基本となるルールで、これによって信頼関係が築かれるといわれています。たとえば、「ありがとう」と感謝の言葉を言われたときに、「どういたしまして」と笑顔で応えるのも、返報性のルールに沿った行為です。

感謝の気持ちにきちんと対応せず、そっけない素振りをしたり無視したりすることは、人間の基本ルールから逸脱《いつだつ》しています。だから、人とのつながりを希薄にしてしまうのです。

これで、もうおわかりいただけたと思います。

自分の話を聴いてくれる相手は、自分の存在価値を認めてくれる人であり、欲求を満たし充足感を与えてくれる存在です。**そのやさしさ、好意に応えたいという気持ちは、話し手に自然にわきあがってきます**。そして、聴き手も好意に応えてくれた話し手に好意を感じるようになり、おのずと心の絆《きずな》が強くなっていくのです。

ポイント

人は、話を聴いてくれた人に好意を感じ、その好意に報いようとする。

無意識が人の行為を司る

私たちの心は、意識と前意識、無意識の３つに分けられ、意識できるのは全体のごく一部であることから、氷山にたとえられます。

心の構造

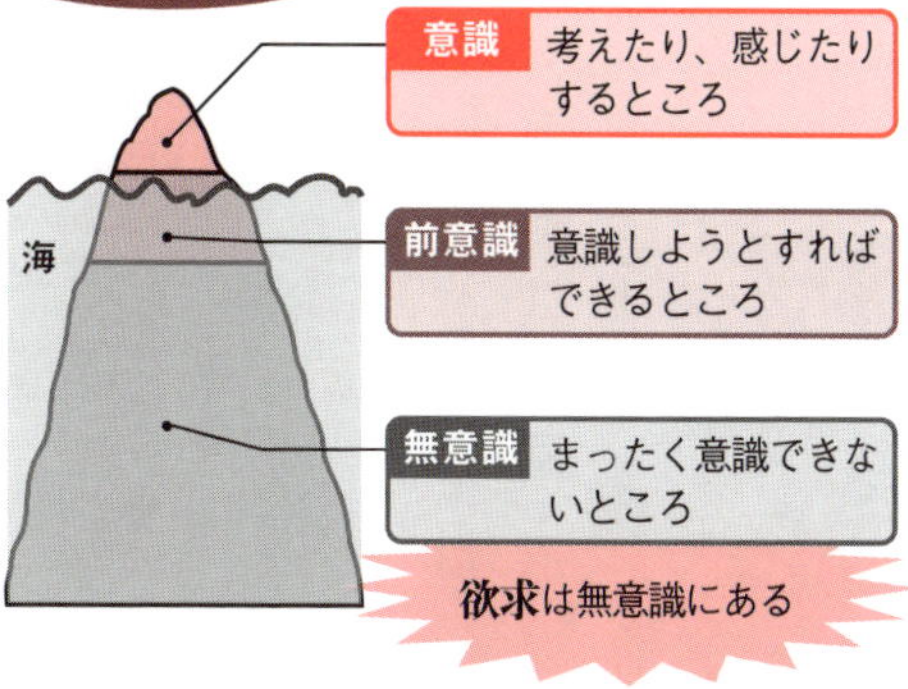
意識
考えたり、感じたりするところ
前意識
意識しようとすればできるところ
無意識
まったく意識できないところ
海
欲求は無意識にある

無意識から出てきた**欲求**のうち、認められたものが**意識**にのぼる。

心のほとんどを、無意識が占めているんです
食べたーい!
ムシャムシャ
ギュッ
無意識くん
意識くん
食べちゃだめ

プロの技も そのままでは使えない

傾聴は心理療法に携わるプロが用いる技法です。プロの技を真似る前に、心理カウンセラーとそれ以外との違いを理解しておきましょう。

心理カウンセラーは傾聴の専門家

コミュニケーションにおいて、話すこと以上に話を聴くことが大切だということは、すでに広く浸透しつつあるようで、コミュニケーションの質を高めるために、「傾聴」をテーマにした研修を行う企業も増えてきています。

傾聴は、心理療法における技法の一つです。心理カウンセリングには、解釈、箱庭、夢分析、認知再構成、ゲシュタルト・テクニック、暴露法などさまざまな技法があります。**これらの技法の基本として使われるのが傾聴**なのです。

Counseling《カウンセリング》とは、もともとは助言、指導という意味の言葉ですが、心理カウンセラーは助言・指導をすることよりも、依頼者（クライエント）の話を聴いて、本人が主体的に問題を解決できるようサポートすることに力を注ぎます。

つまり、**カウンセラーは助言者や指導者ではなく、話を聴くプロ**なのです。

だからといって、**心理カウンセラーの傾聴テクニックをそっくりそのまま真似すれば、コミュニケーション能力が飛躍的に向上するかというと、そういうものでもありません。**

話を聴く目的が異なる

心理カウンセラーが話を聴く相手は、**悩みを自分の力では解決できない人や精神的な問題を抱えている人たち**です。

このようなクライエントに、対話を通して気づきと成長をうながし、自己実現に向かうように支援するのが心理カウンセラーの仕事で、**話を聴く最終的な目的はクライエントの心の変容**にあります。

もしもあなたがカウンセラーを目指しているのでなければ、傾聴を学びたいと思ってはいても、誰かの心を変容させることなど考えてもいないはずです。コミュニケーション能力を磨くために心理技法を取り入れようとしているのであれば、心理カウンセリングにおいて話を聴く場合と、そうでない一般的な場合との違いを明確にしておく必要があります。

では、一般的なコミュニケーションにおける傾聴の目的は何かを考えてみましょう。

ポイント

傾聴は、心理カウンセラーの専門技法。そっくりそのまま取り入れるには無理がある。

心理カウンセリングと一般的な傾聴の違い

心理カウンセリングと違い、私たちが傾聴するときには、所属する機関や役割によって、多種多様な目的が存在することになります。

心理カウンセリングとの目的の違いを踏まえて、上手に傾聴技法を使いましょう。

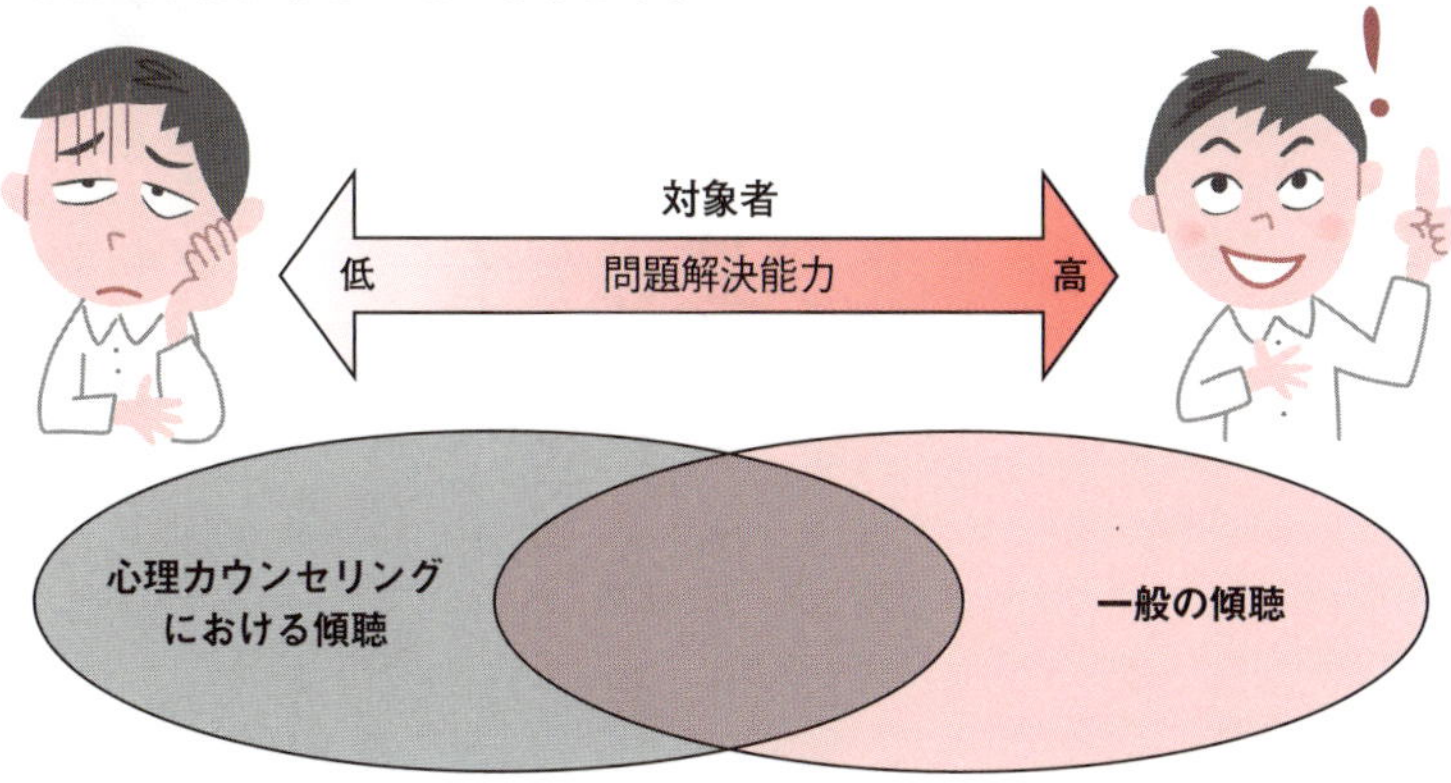

傾聴が多くの問題を解決する

心が健康な人でも、たくさんの悩みや問題を抱えています。それらの問題を解決することが一般的な傾聴のおもな目的といえます。

問題解決へのさまざまな道

本書で、一般的な傾聴と呼んでいるのは、心理カウンセリングで行われる傾聴以外を指しています。

カウンセラーと呼ばれる職業には、心理カウンセラーのほかに、看護カウンセラーや美容カウンセラーなど、いろいろなジャンルがあります。しかし、いずれも心理カウンセラーのように、心の変容を図ることに主眼を置いているわけではありません。

たとえば、看護カウンセラーであれば、治療や薬の副作用、療養時の悩みについての相談が中心になるでしょう。美容カウンセラーであれば、相談に来た人の悩みを聴いて、美容に関するトラブルを解決すべく、最適な化粧品を選んだり、効果的なダイエットをサポートしたりすることなどが目的となります。

このような仕事は、話の内容に耳を傾け、取り巻く環境全体を見渡して、問題解決の道を探ることが求められます。そして、大局から相手の訴えが何かをつかむことが大切なのは、**カウンセラーなどのいわゆる相談支援職に就《つ》いていない人でも同じ**です。

一般的な傾聴の目的は、ニーズの見立て

一般的な傾聴では、多くの場合、「**ニーズの見立て**」が目的になります。同時に、そのニーズに対して為すべきことを特定していかなければなりません。必要な支援は何か、あるいは専門機関等へつなぐ必要があるかなどです。

たとえば、食事時間に食堂に来なくなった高齢者

施設の入所者から話を聴く介護職のケースで考えてみましょう。

まずは、食堂に来なくなった理由を探ります。体調が悪くて食欲がないのでしょうか。入れ歯が合わなくなって、食事をするのが億劫《おっくう》になることもあります。足腰が痛くて食堂まで歩くのが苦痛になったということも考えられます。もしかしたら、なんらかのトラブルがあって食堂で顔を合わせたくない人ができたのかもしれません。

こうして相手の話から原因を探りながら、同時に対応策を考えていきます。

もしも家族が面会に来てくれず寂しくて沈み込んでいるのであれば、明るく声かけをする、時間ができたら部屋に様子を見に行き、話し相手になるなどが、一つの支援策として考えられるでしょう。

このように**一般的な傾聴では、相手のニーズをつかみ、ニーズに合った的確な解決策を提供することが求められる**のです。

ニーズってなあに？

対人援助の世界では、❶本人・家族が望んでいるもの、❷実際の生活上の困難、❸専門職の目から見て援助が必要と思われるもの、という❶～❸の総体をニーズと呼びます。

専門職が必要だと思っても、本人が望んでいなければ、ニーズとはいいきれない。

ポイント

相手のニーズをきちんと把握できれば、的確な対応をとることができる。

役割認識が人間関係をかたちづくる

社会的動物である私たち人間は、集団や組織の中で秩序をもって生活するため、知らず知らずのうちに役割認識を働かせています。

自己開示がコミュニケーションを支える

心理カウンセラーは原則、クライエントに対し自分を開示しないという点も、一般的な傾聴との大きな違いです。

心理カウンセラーは、基本的に自分の話はせず、ひたすら相手の話を聴いて、クライエントとの関係性を構築していきます。しかし一般的には、コミュニケーションは双方向で行われるものです。ですから、相手が心理カウンセラーでなければ、どんなに話を聴くのが上手であっても、自分のことをまったく話さない人に対して、話し手は心の距離を感じずにはいられないでしょう。一般の人間関係では、日常生活を共有し、お互いのことをある程度知ったうえで、**生身の人間としてのつながりを感じているからこそ、心の通じ合う関係性が生まれる**のです。

行為は役割認識によって方向づけられる

心理カウンセラーが自己開示をせずに関係性を構築できるのは、**役割認識が働く**からです。

私たちはみな、社会の中でなにがしかの役割を担っています。そしてその役割は、所属する集団によって変容します。たとえばある中年の医師は、家庭では優しい夫であったり厳格な父親だったりするかもしれません。しかし、治療にやってきた患者の前で、家庭でと同じふるまいをすることはありませんし、患者がそれを求めることもありません。

このように、人は無意識のうちに互いの役割を認

識して自分の行為を方向づけています。

二人の心理カウンセラーが同じ人物に接した場合、その人物はそれぞれのカウンセラーに異なる態度をとるでしょう。しかしそれは、どちらもカウンセラーに対する態度であるという点は共通しています。一方、たとえ教師が完璧な傾聴技法を身につけ、カウンセラーの役割に徹して生徒の話を聴いたとしても、その生徒にとって教師がカウンセラーになることはありません。それは人柄や力量のせいではなく、刷り込まれた役割認識によるものです。そのため私たちは、**心理カウンセラーの傾聴技法をそのまま真似ても、よい聴き手になることはできない**のです。

仮面であっても真実

心理学では、役割のことを仮面（ペルソナ）と呼びます。それは、人は場面に応じて、無意識に態度や行動を変え、さまざまな仮面をかぶって役割を演じるからです。

学校では

素直でおとなしい子どもが……

家では　わがままな乱暴者だったりする

人は場面によりさまざまなペルソナを使い分ける。

ポイント

話を聴くのがうまくても、人間的なつながりがなければ心は通じ合わない。

心理カウンセリングは非日常の空間で行われる

実際の傾聴方法にも、心理技法をそのまま真似できない点があります。それは、社会に認められた専門分野の特殊性にあるのです。

シチュエーションが異なる

心理カウンセリングは、通常、**面接室**で行われます。面接室は、ゆったりしたスペースにソファが置かれ、リラックスしながら話ができるように工夫されています。それは、日常の生活から切り離された空間で、心理的にも解放され、ふだん表現できないことが表現できたり、客観視することができたりするようになるからです。

しかし一般の傾聴では、よほどの特殊事情がないかぎり、**雑多な雑音が入り交じる日常の生活空間**の中で話を聴くことになります。たとえば、教師が生徒から話を聴くときは、職員室や教室の片隅がほとんどです。相談室であっても、ほかの人に話を聴かれないようにするためだけのもので、雰囲気は教室とそう変わりません。それは、私たちが非日常の空間を用意すると相手が身構えてしまい、形式ばった話に終始してしまいかねないからです。

時間を区切るときは配慮が求められる

心理カウンセリングは、一般に**予約した時間にクライエントがカウンセラーのもとを訪れ、決められた一定の時間内で面接が行われます**。相談内容に進展があってもなくても、カウンセラーは時間になると面接を打ち切り、次のカウンセリングの予定日を決め、続きは次回にもち越します。

このことに違和感を覚える人がいないのは、**カウンセリングは予約した時間内で行われるものだとい**

う通念があるからです。

しかし、**カウンセラーではない人が話を聴くときに時間制限を設けたり、話が終わっていないのに打ち切るのであれば、きちんと理由を説明する必要があります。**

たとえば、「ここのところ立て込んでいまして」「このあと、どうしても外せない約束があるものですから」などと断ったうえで、「この続きは、後日ぜひ聴かせてください」と、次に会う日時を決めます。

ただ、時間制限があったほうが話に集中することができるので、もしも許される雰囲気ならば、話し合いを始める前に終了時刻を決めてもいいでしょう。

非日常がもたらすもの

遊園地や旅行などの非日常体験には、くつろぎや楽しさを味わい、気分をリフレッシュさせる効果があります。一方で、非日常の特殊性は、緊張や恐怖といった負の感情を呼び起こすこともよくあります。

非日常

高級レストラン
キンチョ〜

日常

リラックス〜
やっぱり家が一番いいな

ポイント

日常を共有する生身の人間として話を聴く。

チームで問題を解決する

会社などの組織では、個々の能力よりも組織全体を向上させる能力が求められます。このことも、心理カウンセラーとの大きな相違点です。

個人の能力よりも組織力

心理カウンセラーは、資質向上のためにスーパーバイザーから指導を受けることはありますが、**クライエントには原則一人で対応します**。

スーパーバイザーとは、カウンセラーの教育にあたる人で、カウンセラーがクライエントへの対応に困ったときなどに、相談にのってくれる人です。しかし、カウンセラーに対して行うのは教育的介入のみで、どんなに支援困難な状況に陥っても、カウンセラーにかわってスーパーバイザーがクライエントの相談を受けることはありません。

その点、一般社会では個人の能力よりも、組織力が重視されます。とくに医療や介護の現場では、よ

受け止める態度を示す

話をていねいに聴いて相手が伝えようとしている意図を理解することだけが、傾聴力ではありません。

意図を受け取ろうとしているという態度を相手に感じさせることも、傾聴力に含まれます。

り高度な医療や介護を提供するため、チームアプローチが原則とされています。

そのため、**個人的なスキルとともに、人とともに力を合わせて働く能力**が必要とされるのです。

チームワークに必要な力

チームを組んで働くときには、他人《ひと》に自分の主張をきちんと伝える発信力が大切ですが、その一方で、意見の違いを受け止める柔軟性も求められます。そのほか周囲の人や物事の関係性を理解する状況把握力、社会のルールを守る規律性、ストレスに対応するストレスコントロール力も必要とされます。

そしてもう一つ、チームワークに必要な力として忘れてはならないのが**傾聴力**なのです。

ポイント

数人で息を合わせて何かをするときに、傾聴力は欠かせない。

傾聴力はスキルではない

傾聴力とは、「相手のことを理解したい」という熱い思いに支えられたもので、相手を好意的に受け止める力ともいえます。

理解したいという思いがないのに、傾聴技術だけを磨いても、スキルが身につくだけで傾聴力がつくわけではありません。

エッヘン
資格
いったい何がやりたいの？
行政書士
医療事務
ファイナンシャルプランナー
宅建取引責任者
手当たりしだいに資格をとるのは、相手を理解しようと思わずに傾聴力を磨いているのと同じ

相手が求めている自分の役割に意識を向ける

意識しているか否かにかかわらず、話し手は聴き手に何かを求めています。その相手の思いをつかむことが、傾聴の第一歩です。

注意を向けなければ、情報は受け取れない

仕事で傾聴が必要となる場合は、相手が伝えようとしていることを受け取るだけではなく、何を求められているのか、為《な》すべきことは何かに注意を傾けて話を聴くことがとても重要になります。

私たちは、**目や耳などの感覚器官を通して膨大な量の情報を受け取り、取捨選択して記憶しています。**実際には、受け取った大半の情報は数秒のうちに消えてしまい、注意を向けた情報のみしか記憶に残りません。

ですから、**自分の役割を意識して、為すべきことにしっかり注意を向けていないと、重要な情報を受け取っていても、記憶にはまったく残っていない**なんてことが起きてしまうのです。

求められていることを意識する

人は、相手が何を伝えようとしているかには意識を向けますが、相手が何を求めているかにまではなかなか考えが及ばないものです。

人が求めるものは、**通常はあなたが置かれている状況における役割に即したものですが、相手とのかかわりの深さによっては、役割の領域を超える**ことがあります。

たとえば看護職であれば、療養中の患者を親身に看護しているうちに、病気や治療、療養に関する相談にとどまらず、病院の対応や医療スタッフへの不満なども寄せられるようになります。さらに、医療

記憶のしくみ

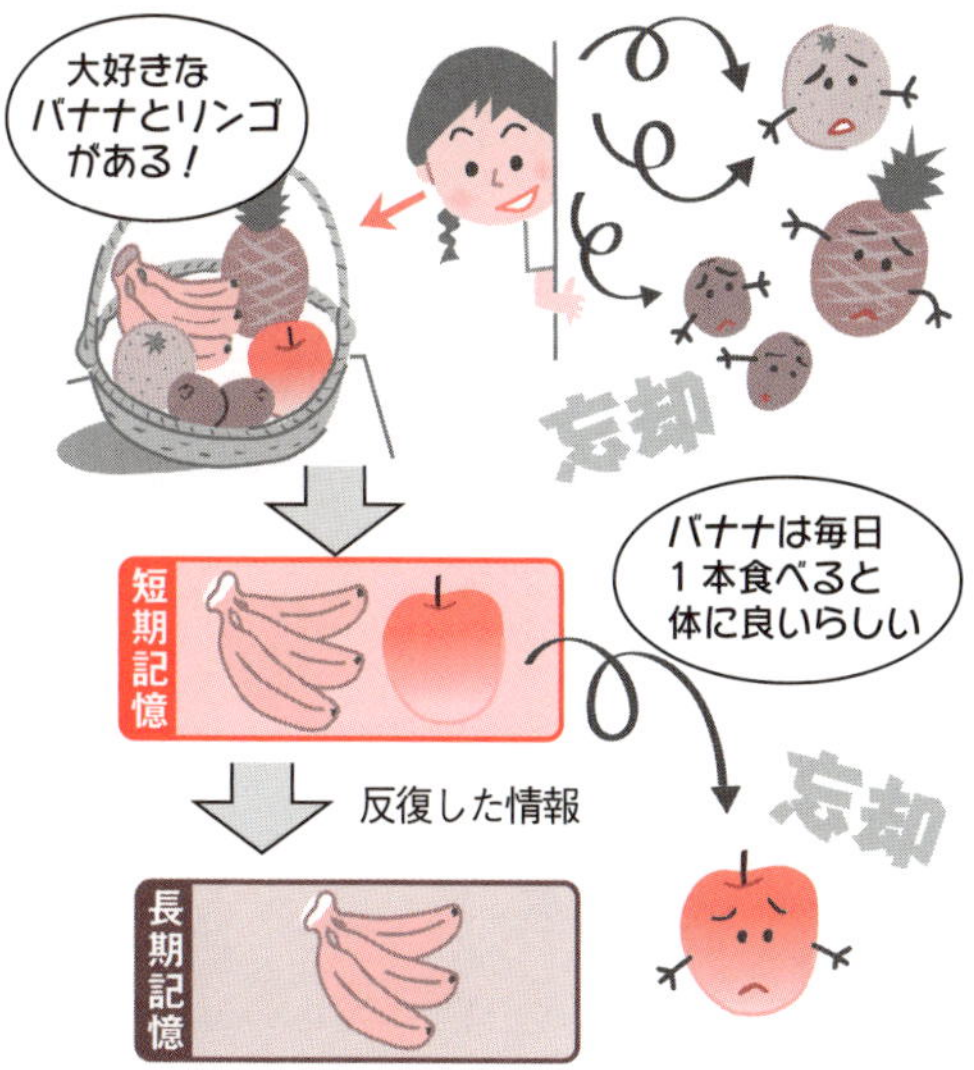

大好きな
バナナとリンゴ
がある！
忘却
バナナは毎日
１本食べると
体に良いらしい
短期記憶
反復した情報
忘却
長期記憶

感覚器が受け取った情報をすべて記憶していると、記憶量が膨大になり、大切な情報を取り出せなくなってしまいます。

そこで、受け取った情報のうち、意識した情報だけが短期記憶に移されます。さらに反復した情報のみが長期記憶に移され、半永久的に残されることになります。

費についての不安や経済的な問題、職場でのトラブル、家庭でのいざこざなど、信頼関係が深まるほどに、個人的な悩みの相談にまで発展していくこともよくあります。

しかし個人的な悩みを相談したからといって、聴き手に問題を解決してほしいと思っているとはかぎらず、ただ話を聴いてもらいたいだけということも多いのです。それなのに、相談業務は自分の仕事の範疇《はんちゅう》ではないと冷たい態度をとってしまったら、せっかく築いた関係も崩れてしまいます。

とくに対人援助の仕事では、**専門外のことにもきちんと耳を傾け、相手が求めていることを汲み取り、それに応じていく**ことが求められるのです。

ポイント

相談というかたちをとっていても、解決策を求めているとはかぎらない。相手の求めを的確にとらえることが大事。

人の本質を知れば、話の聴き方も変わる

人には長所もあれば短所もある

カウンセリングの主要理論であるカール・ロジャーズの来談者中心療法は、人間は自ら成長していく存在であるという性善説に立脚しており、ジークムント・フロイトの精神分析論は、人間は本来、欲望だけを求めるわがままなものだという性悪説に立っているとみなされることがよくあります。しかし、**長所もあれば短所もあるのが人間**です。

性格的側面、能力的側面、道徳的側面、いずれの側面を見ても、オールマイティに優れている人はいません。たとえば、柔軟性があって人に優しい性格でも決断力がないとか、仕事は率先してやるのに休みの日はだらだらしているといった具合です。

生きる意味や心の本質は何かをよく考えて、正しい人間観をもつことが、傾聴技法の基礎となります。

カール・ロジャーズの考え方

ロジャーズは、人間には自己実現に向かう成長力が備わっているが、親など他人の価値に合わせようとして、それを抑圧し、葛藤《かっとう》が生まれるとしています。

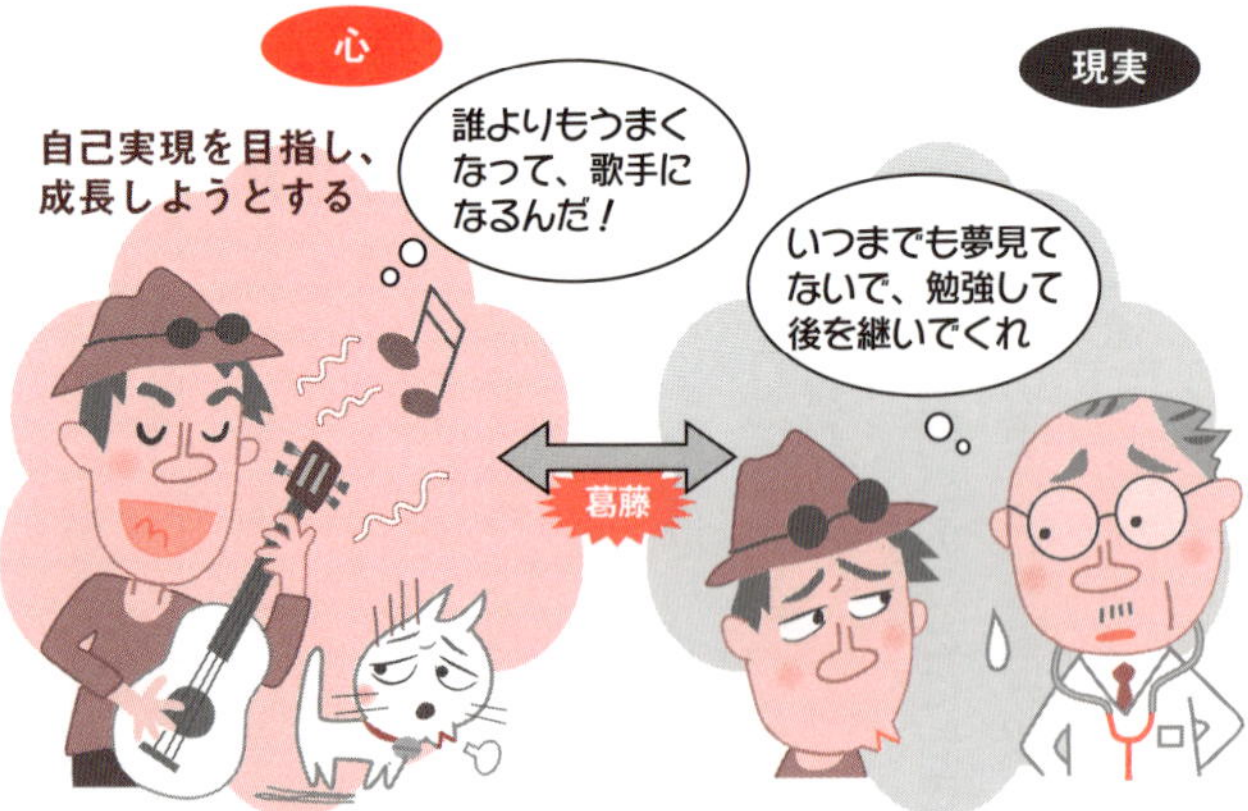

心
自己実現を目指し、成長しようとする
誰よりもうまくなって、歌手になるんだ！
葛藤
現実
いつまでも夢見てないで、勉強して後を継いでくれ

同じ人間はどこにもいない

人はみんな、精神的にも肉体的にも独自の個性をもっています。

「自分とそっくりな人間が世界に三人はいる」などといわれます。しかし、仮に同じ遺伝子をもった人がいたとしても、同じ性格が形成されることはありません。それは、人間はまわりの環境の影響を受けながら成長・発達する存在だからです。一卵性双生児であっても、歳を重ねるうちに違いがはっきりしてくるのは、そのためです。

同じ人間は存在しないのですから、**傾聴技法を使う場合も、実際の進め方は相手によって臨機応変に変えなければなりません。**

ポイント

傾聴には、人間についての理解が求められる。

ジークムント・フロイトの考え方

フロイトは、人間はもともとエス（イド）というわがままな動物的本能のみをもって生まれ、教育によって自我や超自我が形成されるとしました。そして、エスと超自我の間に葛藤が生まれます。

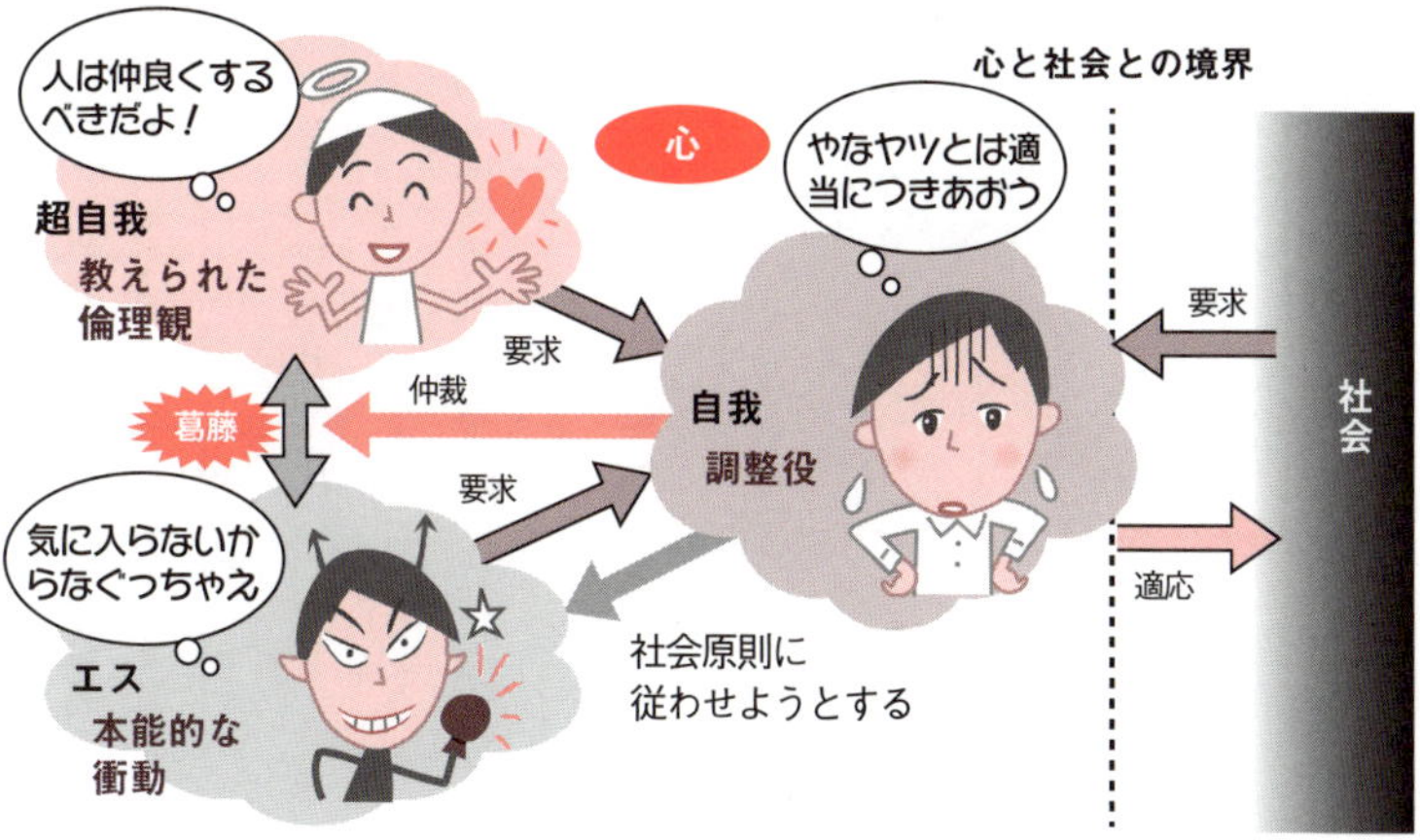

人は仲良くするべきだよ！
超自我
教えられた倫理観
心
やなヤツとは適当につきあおう
心と社会との境界
要求
要求
仲裁
葛藤
自我
調整役
社会
要求
気に入らないからなぐっちゃえ
エス
本能的な衝動
社会原則に従わせようとする
適応

人の心は移り変わる

傾聴とは、人の心に寄り添うことです。しかし困ったことに、寄り添うべき心がいかなるものかは解明されておらず、永遠の課題なのです。

心はとらえどころがない

心は、みんながもっている身近なものでありながら、その姿はなかなかとらえることができません。「心」を辞書でひくと、「人間の精神作用のもとになるもの。また、その作用」「知識、感情、意志の総体」などと書かれていますが、これらの解説だけで心の実体をつかむのは難しいでしょう。

人の心は目で見て観察することができないため、言葉や行動（態度）から推《お》し量《はか》ることになります。

しかし「嫌い」と口では言っていても、本心は好きで好きでたまらないということがあるように、**言葉であらわされたことがそのままその人の心を反映しているとはかぎりません。行動も同じ**です。

心と反対のことを言ったりやったりしても、本心が透けて見えると感じることもあるかもしれませんが、実際にはもっと複雑な思いが隠されています。いろいろな思いが絡まり合って、本人でさえ自分の心のありかを見失ってしまうことがあるのです。

心も成長・発達する

人の心を理解するのを難しくしている原因の一つに、**他者の存在**があります。

人は、家族や友だち、会社の同僚、恋人など、多くの他者に囲まれて生活しています。ところが**私たちの心は、他者の存在に敏感に反応してしまう、とてもデリケートなもの**です。

他者に囲まれた環境の中で、他者から何らかの影響を受ける一方で、他者に何らかの影響を与えるという相互作用を通して、私たち人間は成長・発達し、進歩・向上していきます。心も同じです。

ところが**私たちの脳は、ある瞬間のある場面をとらえて「こうだ」と決めつけてしまい、その考えにとらわれる傾向があります。**

過去にとらわれず、移り変わる心の変化もその人らしさととらえることのできる柔軟さ、心の余裕をもつことが、傾聴には必要なのです。

ポイント

ある瞬間に見た心の断片は過去のもの。傾聴はうつろう心の今に寄り添う。

他者の存在の影響

人が他者から受ける影響を検証した有名な実験に、社会心理学者のソロモン・アッシュが行った同調実験があります。

まず、下のグレーの枠内の線と同じ線をピンクの枠内の３つの線の中から選んでみてください。

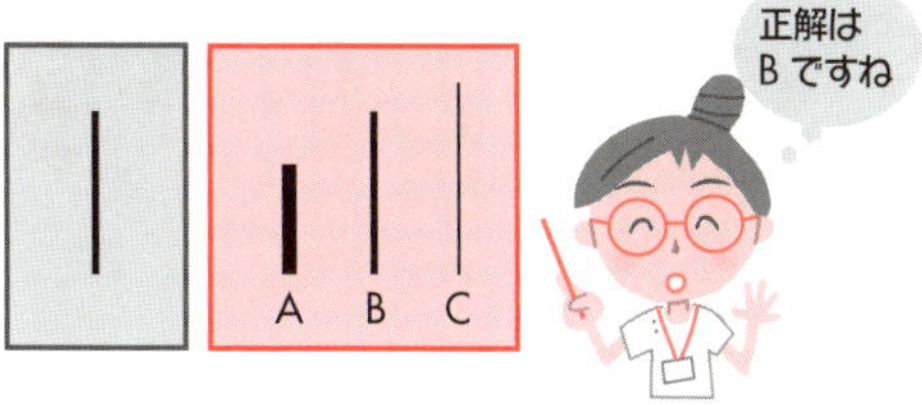
A　B　C
正解は
Bですね

しかし、実験であることを知らせず、被験者に数人の協力者とグループになってもらい、被験者の前に協力者全員に明らかにまちがいの「A」と答えてもらいます。すると、多くの被験者は迷いつつも「A」と答えてしまうという結果がでました。

人は自分の意見に確信があっても、多くの人の意見に合わせてしまうことがある。

ほかのものを食べたいと思っていたのに、ついみんなと同じものを頼んでしまった経験はありませんか？

あれっ、レバニラって言ってたよね？
まわりが先輩ばかりだと、違う意見を言うのはもっと難しくなります

人間力を養う

傾聴技法には、正しい人間観と変化に対応する力が求められます。正しい人間観をもつことができれば、変化に対応する力もついてきます。

人間理解は傾聴の基礎知識

傾聴にあたり身につけておかければならない正しい人間観とはどういうものか、ここまでの話を整理しておきましょう。

一、人間は意識をもった有機体である
一、一人ひとりまったく異なる個性をもっている
一、社会の構成員である
一、常に成長し、変化している

このほか**人には侵してはならない人格の尊厳がある**ということも、忘れてはならない大事な視点です。

こうした人間に対する基本的な理解があってこそ、相手が伝えようとしている話の主旨を読み取ることができるのです。

話を聴いてもらいたい人になる

正しい人間観をもつには、**いつも興味や関心をもって人生を主体的に生きる**ことが大事です。その一方で、**自己実現に向かって成長するための努力を続け、自己研鑽《けんさん》に励む**ことも忘れてはなりません。そんな日々の努力の積み重ねによって、責任感や寛容力が養われ、傾聴に必要な落ち着きと受容力が醸成《じょうせい》され、変化に対応する力も養われます。

すると、多くの人から慕われるようになり、「もっと話を聴いてもらいたい」と思われるようになります。それが、話を聴くときの態度や聴き方の技法を身につける以上に大切なことです。

たとえば、相手が責任感のある人だと感じれば、

安心して話をすることができます。教養のある人に相談すれば、良い知恵を貸してもらえるのではないかと期待します。心が広い人だと思えば、普通では話せないような話をしてしまうこともあります。自分の理解者だと感じれば、もっとわかってもらいたいと思うものです。

こうして具体的に考えていくと、目指すべき人間像がつかみやすいのではないでしょうか。その目標とする人物に近づくために身につけたいのが、**人間力**なのです。

知って得 はみだし情報

バーナム効果

バーナム効果とは、誰にでも該当するような事柄を、自分だけに当てはまると思い込んでしまう心理をあらわします。

占いが当たると思うのは、この心理が働くからです。

あなたは きれい好き ですね
この占い師は 当たるわ♥
はい、1日5回は 歯を磨きます から…
しかし、彼女の部屋の中は……
もう少し きれいに ならないのか ニャ〜

ポイント

傾聴に必要な要件は、人間に対する基本的理解と人間力。

人間力は総合力

人間には、もともと多くの優れた力が備わっています。人間力といった場合、そのうちのどの力のことを指すのでしょうか？

人間力はさまざまな場面で力を発揮する

「人間力」という言葉は、近頃ときどき耳にするようになりましたが、具体的にどんな力を指すのかについては、いろいろな解釈があるようです。

政府が官民の有識者を集めてつくった人間力戦略研究会がまとめた報告書から引用すると、人間力とは「**社会を構成し運営するとともに、自立した一人の人間として力強く生きていくための総合的な力**」と定義されています。

わかりにくい説明であることを承知のうえで、この定義を引用したのは、人間力は国をあげて高めようとしている力であるということ、そして**傾聴場面にかぎらずオールマイティに力を発揮する**ものであるということを知ってもらいたかったからです。

人間関係はふだんの生活の中でつくられる

人間力のある人と聞いて、あなたはどんな人をイメージするでしょうか。

困難にぶつかってもくじけず、信念をもって自ら新しい道を切り開いてゆくたくましい人でしょうか。それとも、人に優しく、忍耐力があり、ときにはリーダーシップを発揮するような人でしょうか。

どんなイメージを抱いたとしても、一緒にいて不愉快になるような人ではないはずです。おそらくみんなから信頼され、尊敬されるような人でしょう。

私たちにとって、傾聴は生活の中のほんの一場面にすぎません。

たとえば教師であれば、通常、授業で教えることがおもな仕事で、そのほかに担任としての生徒指導やクラブ活動の顧問として生徒に接します。おそらく生徒に個人的に話を聴く場面は、どんなに多くても生徒に接している総時間数の数十分の一程度でしょう。そのため、**傾聴場面以外のふだんの接し方が生徒との関係を決定づける**ことになります。

だからこそ、人間力という社会で自立して生きていくための総合力を養うことが大切なのです。

ポイント

相手との関係は傾聴場面ではなく、ふだんの生活の中で築かれる。

自立の要素

自立には、経済的自立と精神的自立、そして社会的自立の３つの要素があります。

経済的自立

経済的自立とは、親や他人のお金に依存することなく、継続的に収入を得て、生活していけることをいいます。

サラリーローン
ABC
経済的自立
経済的自立

精神的自立

精神的自立とは、他人に頼ることなく、つらい出来事や困難な局面を主体的に乗り越えられる力を身につけていることです。

自分で起き上がれるもん！

社会的自立

社会的自立とは、社会の一員であることの自覚をもち、まわりの人たちのことも考え、バランスのとれた行動ができることです。

ウィ〜
酒
酔っ払い運転をするのは、社会的自立ができていない証拠だよ

この３つの自立は、人間力の基本。

知識があれば
理解力が深まる

経験で得たことこそ「生きた知識」で、血となり肉となるとよくいわれます。しかし経験を生かすには、机上《きじょう》で学んでおくことが必要です。

知識はもてる力を強化する

人の話を聴いて相手の求めていることをつかむには、分析力や判断力、発想力などが求められます。

これらの力を発揮するためには、それを支える力が必要になります。たとえば、分析力は観察能力や実証能力、調査能力などがあって発揮される力です。判断力を支えるものとしては、情報収集能力や問題解決能力、戦略的思考力などが考えられます。発想力であれば、幅広い視野や独創性、課題発見能力などが必要とされます。

さらに、これらの力の土台となって底辺で支えているものがあります。それが、**一般常識や基礎学力、専門的知識などの教養**です。

分析したり判断したりする際には、まず一般常識に照らし合わせて考え、さらにもっている知識を総動員して論理的思考を巡らせていきます。そのため、**多くの知識をもっているほど多面的な幅広い見方ができる**ようになるのです。

専門性を高めることが傾聴力を強化する

話を聴く相手を理解するときにベースとなるのも、やはり知識です。一般常識として培《つちか》われた倫理観や道徳観に加え、たとえば哲学や行動科学、心理学、人間学、社会学などの知識があれば、相手に対する理解はよりいっそう深まります。

また**知識をもつことで、性格や心理、行動、コミュニケーション、セクシュアリティ、価値観、生き方**

など、相手のいろいろな側面をとらえて、総合的に理解する目も養われていきます。

ただ興味のおもむくままに、いろいろな本を読んで知識をつけるのも決して悪いことではありませんが、虻蜂《あぶはち》取らずになってしまう可能性があります。

無理をせず、あなたの関心の高い分野に磨きをかけていくことを心がけましょう。

それが人間理解にまったく関係のない分野だったとしても、結果的に自らの人間力を高めていくことにつながるからです。

知って得 はみだし情報　一貫性の原理

一貫性を保つと他者から評価されるという意識が働くため、人は何らかの考えを表明すると、それを貫き通したくなります。これを「一貫性の原理」と呼びます。

だから、簡単な要求を引き受けてもらうと、いきなりでは断られるような要求でも通りやすくなるんです

まず先に引き受けてもらえそうな
お願いをしてから……

うん、いいよ
途中にある
ポストに
投函してね

本題に入ると……

えっ
は…はい
あっ、ついでに
これも
お願い～♥
ジロッ

ポイント　学んで得た知識は、経験によって得られる知識やスキルの土台となる。

想像力が傾聴力を向上させる

想像力は、見たり聞いたりできないときに、その形や概念などをつくりだす力です。そんな力が、どうして傾聴に役立つのでしょうか？

経験のすき間を想像力が埋める

社会は人間関係で成り立ち、人間関係はコミュニケーションで成り立っています。誰でもふだんから話をし、話を聞いているわけですが、上手なコミュニケーションのとり方は一朝一夕に身につくものではありません。**実際のスキルを高めていくには、知識とともにやはり経験が必要**です。

ただ、一度経験したことをそのまま生かせるようなケースに遭遇《そうぐう》することは、まずありません。

たとえば、教師をやっていれば、同級生の母親から訴えがあって、暴力をふるう子どもから話を聴くことは、二度や三度はあるかもしれません。しかし、友だちに暴力をふるうという行動は同じであっても、その理由はさまざまで、しかもそういった問題行動は、いくつもの要因が絡まり合って起こるものです。子どもの性格や家庭環境、生活環境の変化、友だち関係など、まったくといって同じケースはないはずです。

それでも、経験を積むことによって傾聴スキルは高まっていきます。それは、**体験していない部分を想像力が補ってくれる**からです。

思考を巡らせば、想像力が広がる

想像力は、見聞を広げることで磨かれていきます。

実際に経験するのが難しいことであっても、テレビやラジオ、あるいは新聞や雑誌、小説などの書物を通してであれば、実にさまざまな体験をすることができます。その疑似《ぎじ》体験の中で、なぜそのような事態が引き起こされたのか、当事者や関係者はどんな気持ちでいるのかなど、その題材をもとにして、いろいろに考えを巡らせてみるようにします。

考える習慣をつけると、それまで気づかなかったことにも目を向けることができるようになります。

たとえば、箸《はし》やフォークを使わずにご飯を食べる子どもを見て「手でご飯を食べるのをやめさせるにはどうすればいいか」と考えるよりも先に、「手でご飯を食べると、何かいいことがあるのだろうか」といったことから考えていきます。

すると、想像の世界はますます広がり、複雑な心を読み解くヒントが得られるようになるのです。

ポイント

考える習慣は気づきをうながす。多くの気づきがあるからこそ、相手を理解することができる。

知って得　はみだし情報

マニュアルは思考を停止させる

お夕バコは
お吸いに
なりますか？
いらっしゃいませ
カッコを見りゃ、
わかるだろ
ファミレス
MENU

多くの企業は、人材をスピーディに育成するために、業務手順や問題発生時の対応法などを示した各種マニュアルを用意しています。しかし、マニュアルにばかり頼っていると、考える習慣がなくなり、判断力や決断力のない人間が出来上がってしまいます。

想像力を鍛える

思考には習慣性があります。そのため、常日頃から相手の立場に立って考えるクセをつけていれば、想像力は鍛えられます。

いろいろな立場に自分を置き換えてみる

「相手の気持ちになって考えろ」なんて言われても、実際に他人になることはできないのですから、なかなか難しいものです。

しかし豊かな想像力を身につけていれば、相手の立場に自分を置いてみて、どんな気持ちになるか、どのように感じるかをいろいろな角度から考えることができ、そうするうちに相手の気持ちがグッと身近に感じられるようになります。

さらに当事者だけではなく、関係者一人ひとりの立場にも立って考えてみると、問題となっている事象が引き起こされた原因や、その動機がまとまりをもって見えてくることもあります。

こうして立場を置き換えて考える習慣をもつことは、想像力を鍛えることにもつながります。

自分への問いかけが決め手

自分を相手の立場に置き換えたら、そのときに自分がどう感じるかを自問自答してみましょう。

たとえば、いじめという問題に向き合わなければならなくなったとします。

まず、自分がいじめられたとしたらどんな気持ちになるのか、できるだけ具体的なイメージを浮かべてみます。屈辱感を感じるのか、ただ怖いだけなのか、いじめられるのは自分がいけないからだという自責の念をもつのか、いじめた相手に仕返しをしたいと思うのか、といったことを考えていきます。

次に、自分がいじめる立場になって、その気持ちを考えます。なぜいじめたいと思うのか、いじめるのは仲間がいるときだけなのか、仲間がいるとなぜいじめたくなるのか、いじめていて快感を覚えるのか、気分が悪くなるとしたらそれはなぜなのか、などと考えていきます。

想像力を鍛えるポイントは、**自分にどれだけ多くの問いかけができるか**にかかっています。

知って得 はみだし情報

ロールシャッハ·テストは信頼できる？

ロールシャッハ・テストは、人格特性を知る手がかりとして、心理臨床の現場で広く活用されています。

ロールシャッハ・テストは、左のような左右対称のインクのしみの図を見せて、何を想像したかを分析する心理検査

しかし、信頼性と妥当性が低いという研究結果もあることから、懐疑的な見方をする人もいます。

あれはね、アンパンマンが悪いやつをやっつけようとして、悪いやつにぶつかって、油の中に落っこちて、アゲパンマンになっちゃって・・・
う〜ん、すごい想像力
←想像力が鍛えられた子ども

ポイント

自分に多くのことを問いかけられると、想像力が鍛えられる。

傾聴は、多くの場面で効力を発揮する

信頼関係を生む傾聴技法は、いろいろな場面で活用することができます。だからこそ、いつでも使えるようにしておくことが大切です。

傾聴から広がる世界

この章の最後に、傾聴技法を身につけるとどんないいことがあるのかにふれておきましょう。

まず、**人の気持ちを汲み取る力がつきます**。相手の気持ちに細やかな気づかいができるようになることで、人から好かれるようになり、新しい人間関係が広がっていきます。

また、**人づきあいに対する苦手意識が減り、どんな人の話もリラックスして聴けるようになります**。苦手意識をもっていると身体が緊張してしまい、よけいにぎくしゃくしてしまうものですが、傾聴技法を身につけると、客観的にものを見る習慣がつき、自然に苦手意識が薄れていきます。

客観的なものの見方ができるようになると、自分に対しても客観視できるようになり、**自己理解も深まって、ストレスを軽減させる**ことができます。

傾聴場面では、常に相手を理解しようと耳を傾け、同時にニーズは何か、必要な支援は何かを考えながら、話を聴くことになります。そのため、**集中力も高まります**。

さらに、多くの人の話から**たくさんの知識や情報を得る**ことができます。

場面別アプローチで豊かな想像力を

本書の第4章では、傾聴しようとしたときに対応に困る各種事例を取り上げて、具体的なアプローチ方法を紹介しています。対人援助関連の仕事に就《つ》いている人が遭遇することの多い場面が中心ですが、自分は教師だから学校に関連する場面だけ読めばいいとか、対人援助関係の仕事ではないから関係ないなどと考えず、ぜひ全体に目を通してください。

たとえば、ターミナル期を迎えた当事者の話は、医師や看護師、介護士でなければ聴く機会は少ないかもしれません。しかし、ターミナル期の家族をもつ人の話であれば、聴く可能性はグンと高くなります。そのような場面に出合ったときに、ターミナル期を迎えた人の気持ちを少しでも想像できれば、家族の気持ちにも近づくことができるはずです。

また、さまざまな場面でみられる心理や求められるスキルを知ることは、**想像力を鍛えるとともに、知識の裾野を広げてくれる**ことにもなります。

ポイント

傾聴技法を身につけるだけで、たくさんのメリットがもたらされる。

知って得　はみだし情報

心理学の研究対象

どうして、
リンゴだって
わかるんだろう？
リンゴを見てなぜリンゴだとわかるのかも、心理学の研究分野です

心理学では、人間のすることはすべて研究対象となります。

見る、聞く、話す、感じる、覚える、考えるなどの生理的な現象をはじめ、人間関係、人間の成長のメカニズムなど、心理学はとても守備範囲の幅広い学問なのです。

心を読み解くヒント

動機づけ

内的動機は持続する

欲求や衝動、欲望など人間を行動に駆り立てるエネルギーを、心理学では「動機」と呼びます。さらに、エネルギーを呼び起こし、維持・調整する心的過程を「動機づけ」といいます。

動機づけには、内発的動機づけと外発的動機づけ、達成動機づけがあります。

内発的動機づけは、本人が好奇心や関心をもつことによって生じるもので、これによる行動は持続性があり、よりよい成果を得られるとされています。

一方、**外発的動機づけは、賞罰や義務、強制など外からの働きかけによって生じるもの**ので、賞罰などがなくなるとやめてしまうことが多く、内発的動機づけにくらべ持続性がありません。

ちなみに賞罰による動機づけは、年齢や知能、性格などによっても差異はありますが、一般に**叱《しか》るよりもほめるほうが、自尊心が保たれるため、行動につながりやすく持続性も高い**とされています。

やる気を引き出す達成動機

達成動機とは、高い目標に向かって最大限の力を発揮し、目標を達成しようとする心的エネルギーのことで、いわゆるやる気です。その原動力となるのは、成功報酬ではなく、それを成し遂げたいという欲求です。

達成動機の目標が低すぎるとやり遂げたいという欲求が弱くなり、反対に、目標が高すぎると失敗したくないという気持ちがマイナスに働き、行動に結びつかなくなります。

第2章

心理カウンセリングから学ぶ 傾聴の基本

傾聴技法は、心についての理解に基づいて考えられた話の聴き方です。その基本を身につけましょう。

おおらかな気分で、耳を傾ける

本章では、傾聴方法について具体的に説明していきます。まずは、基本中の基本となる傾聴のテクニックです。

大きな心で話を聴く

傾聴は、その字があらわすように、話を「聞く」のではなく「聴く」ことです。「聴く」という字は、「耳」「十四」「心」に分解することができることから、傾聴は十四の心で聴くことだともいわれます。

十四の心にはどんなものがあるか、解釈はいろいろありますが、ここでは「真心」「慈愛の心」「寛容な心」「感謝の心」「温かな心」「誠実な心」「忍耐の心」「公平な心」「優しい心」「いたわりの心」「清らかな心」「冷静な心」「素直な心」「感動の心」をあげておきましょう。要は、**八面六臂《はちめんろっぴ》の大きな心で真剣に耳を傾ける**ことが傾聴なのです。

そこには、**情報をただ受け取るだけではなく、相手が伝えようとしていることを聴き取ろうとする積極的な姿勢**が求められます。

安らぎの場を提供する

傾聴の際に、相手の話を真剣に聴こうとして、「話を聴くぞ」と身構えてしまう人がいます。そんな人の身体を触ってみると、首や肩に力が入っているのがわかります。心が張りつめていると、身体も緊張するからです。

緊張するとエネルギーを奪われ、心に余裕がなくなります。こうして、話を聴こうと身構えれば身構えるほど、心が柔軟性を失い、人としての器が小さくなってしまうのです。

しかも**緊張は、まわりの人に伝わります。**聴き手に身構えられると、話すほうもかたくなり、打ち解けた話はしづらくなります。場の雰囲気に緊張感があると警戒心が働き、タテマエしか話せなくなってしまうのです。

一方、**互いにリラックスしていると話がはずみ、心の距離が近づいて、ホンネがぽろりとこぼれ落ちます。**それは、心が安らぎ、安心感で満たされて、警戒心がゆるむからです。

傾聴の際には、おおらかな気分で相手の話に耳を傾けることを心がけましょう。

知って得 はみだし情報　緊張を解き放つフロー状態

フロー状態とは、米国の心理学者ミハイル・チクセントミハイが提唱した理論で、何かに深く没入している状態をいいます。

緊張するのは、自信がなく不安を感じているとき

大事なこと忘れたッ
あの……
え～と
不安
新製品の発表

フローの状態に入ると……

新製品の発表
自信
フロー状態は、不安や雑多な意識がなくなり集中している状態で、満足感を味わうことができます
満足感

ポイント　聴き手が緊張していると、伝染して話し手も身構えてしまう。

あるがままに受け止める

あるがままに受け止めることを受容といい、これも傾聴の重要な基本姿勢です。では、どうすれば受容することができるのでしょうか？

人は最もよい行動を選び取る

生物学的用語のホメオスタシスという言葉をご存じでしょうか？

ホメオスタシスは、外部環境が変化しても、生体の内部環境を一定の状態に保つ働きのことで、「恒常性の維持」などと訳されます。気温が高いときに汗をかくのは、熱を発散して体温を一定に保つためです。激しい運動をすると呼吸が速くなるのは、消費した酸素を体内に取り入れるためです。このような働きがホメオスタシスです。

健康を維持するための自己調節作用は、体だけでなく心にも働いています。心の健康を保つために、私たちは無意識のうちに最もバランスのとれた行動をとっているわけです。

ですから、**もしも話し手があなたには理解できないような言動をしたとしても、その人にとっては理に適《かな》ったこと**だと受け止めましょう。

性格や価値観は必要から生まれる

人には、その人なりの生活があり歴史があります。性格や価値観は、その長い生活史の中で育《はぐく》まれてきたものです。苦しいことやつらいことに出合ったときに、さまざまな知恵を働かせて乗り越えてきた結果としてかたちづくられてきたものなのです。

いいかえると、性格や価値観は**良いことであれ悪いことであれ、傷つかないように自分を守ろうとして身につけたもの**であり、必要だったからこそ身についたものともいえます。

　こう考えれば、話し手とはまったく異なる環境で生活してきた他人が、話し手の性格や価値観を批判するのはとても的外れなことだと、おわかりいただけるはずです。

　ですから、**どんな人もあるがままに受け止めることは、とても当たり前のこと**なのです。

ポイント

人は心のバランスを保つために、必要な行動を選び取っている。

知って得 はみだし情報　論理的でない推測による認知

　Ａという特徴をもっている人にはＢという特徴がよくみられたという経験から、推測し判断した論理的でない認知を、論理的過誤《かご》といいます。以下のような推測をしたことはありませんか？

知識が豊富な人はスキルもある

この車はドライビング、走行性能どれをとっても抜群なんだよ
あれっ
あーっ車が…
ガーン

どんなに車に詳しくても、運転が上手だとはかぎらない

東大出身者は仕事ができる

東大卒↓
プレゼンの資料はいつになったら出てくるんだ！
バタバタ

学業が優秀であっても、仕事ができるとはかぎらない

相手の世界観に共感する

他人の考えをそのとおりだと感じることを共感といいます。でも、心理カウンセリングで使われる「共感」は、少し意味が違うんです。

話し手を世界の中心に置く

傾聴では、人の気持ちを客観的に理解するだけではなく、共感することを基本としています。ここでいう**共感とは、話し手が経験し感じている世界を、あたかも自分のことのように感じること**です。

すでに説明したように、相手の立場に置き換えて考える習慣をつけ想像力を鍛えれば、傾聴力を高めることができますが、立場を置き換えて考えてみたからといって、共感できるわけではありません。

なぜなら、「相手の立場に立ったとしたら、自分がどう感じるか」を想像する作業は、あなた自身の感じ方に基づいたものだからです。どんなに相手の立場に立ったつもりでいても、自分の思いを消し去っているわけではありません。

傾聴では、想像力を使って思考する作業をさらにもう一歩先に進め、**自分の思いはひとまず脇に置いて、相手が感じている主観的世界を共有すること**を共感としています。共感は、話し手と類似した感情が聴き手の中に生じ、感情的なふれあいの中から生まれてきます。そうして、**話し手の世界をあたかも自分自身のものであるかのように感じ取る**ことができるのです。

ロジャーズは、これを**共感的理解**と呼んでいます。

客観的事実よりも大切な主観的世界

「共感的理解」は、一般的にいう「理解」とはまったく異なる概念です。論理的でないことは、なかなか理解しがたいものですが、共感的理解には論理性はまったく必要ありません。

科学は主観的要素を排除して、観察や分析といった客観的要素を積み重ねて推論し、論理的に体系づけていくものです。心理学は心のサイエンスといわれることもありますが、いわゆる科学とは違い、**共感的理解のように観察された客観的な事実よりも、話し手の主観的世界を重視している**のが特徴です。

同情と同一化

共感ととてもよく似た感情に、同情と同一化があります。どちらも傾聴には適さないので、落とし穴にはまらないように気をつけましょう。

同情とは　相手の感情に刺激されて起こる憐憫《れんびん》の情で、相手を苦しみから救ってあげたいと思ったときに陥りやすい

かわいそうに。私が仕返ししてあげる
同情
同情
彼に浮気されたの…

同一化とは　相手を自分に重ねて一体化してしまい、そこから抜け出せない状態で、相手が傷ついていると自分も傷ついてしまう

ひどいわ、ひどすぎる
同一化
同一化
彼に浮気されたの…

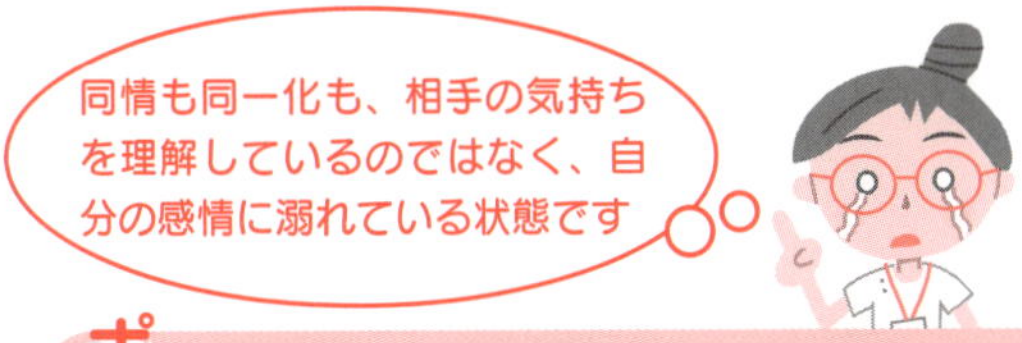

同情も同一化も、相手の気持ちを理解しているのではなく、自分の感情に溺れている状態です

ポイント　観察して得た客観的な事実より、話し手の主観を優先して理解する。

共感するのは難しい

プロの技は日々の実践の中で磨きあげた結果です。ですから、プロの技を簡単に盗むことができると、高《たか》をくくってはいけません。

行動の背景因子は相互に作用する

人間の心を映し出す行動の背景には、いくつもの要因が絡み合っています。これらの要因は、大きく個人的要因と環境的要因に分けられます。

個人的要因には、知能や適正などその人がもつ能力、活動性や協調性、情緒の安定性といった性格、過食・偏食、吃音《きつおん》・早口などの習癖《しゅうへき》、非行化傾向や暴力行為などの問題行動、興味や関心事、健康状態、交友関係、生育歴などがあげられます。そこに、家庭環境、職場環境、学校生活、所属するクラブ、地域社会など、本人を取り巻く環境から受ける要因が加わります。

しかも**これらの要因は単独ではなく、互いに影響し合って一つの行動となってあらわれる**のですから、人間は複雑きわまりない存在といえます。

そのため、ときには自分自身の心のありかさえ見失ってしまうことがあります。ですから、他者のすべてを理解するなんてあり得ないことです。その理解できない他者に共感するのは、さらに難しいことだといえるのです。

変化もあるがままに受け止める

すでにふれたように、人間は成長・発達する存在です。時間軸上のある一点をとらえることさえ複雑で難しいのに、時間の経過とともに変化しているわけですから、その実体をとらえるのは簡単なことではありません。

しかも、良いほうへ変わるとはかぎらず、悪く変わることもあります。**しかし、傾聴においては、その変化をあるがままの姿で受け止め、古い認識は削除し、新たな変化をつけ加えるなどして、常に修正しながら理解を深めていくことが求められるのです。**

あるがままの姿を受け止めている!?

事実と評価は混じりやすい

人間理解の際には、もう一つ、**評価を事実と混同しやすい**という落とし穴があります。

たとえば、引っ込み思案な人、積極的な人というのは評価であって、事実ではありません。授業中に先生の質問の答えがわかっているのに手を上げない人、答えがわからなくても手を上げる人というのは、事実をあらわしています。

評価に惑わされると、大切なことを見落としてしまうことがあります。**人間理解に必要なのは、評価ではなく事実なのです。**

ポイント

人間理解は難しいという認識をもつと、人間理解が進む。

言葉より伝わるしぐさや態度

私たちは動作や表情などからさまざまなメッセージを読み取ります。非言語のメッセージのほうが言葉よりも伝わることがあるんです。

話しやすい雰囲気は人がつくる

雨が降ると何となく憂鬱《ゆううつ》な気分になるという人がいるように、私たちの気分はまわりの雰囲気に左右され、コロコロと変わっていきます。ですから**傾聴の際には、話をしやすい雰囲気づくりを心がける**ことが大切です。

話しやすい雰囲気は、音が静かなところや明るすぎないところといったように、場所からつくられることもありますが、それ以上に、あなた自身がもつ雰囲気が影響します。

人は表情やしぐさ、声の高さや抑揚など、全身からさまざまなメッセージを送っています。これらはノンバーバル（非言語コミュニケーション）と呼ばれ、多くのメッセージを伝えるものです。この**ノンバーバルを意識的に使うことによって、話しやすい雰囲気をつくる**ことができます。

言語を使わずに伝える

貧乏ゆすりをしていると落ち着きがないように感じ、腕組みや脚組みをしていると横柄に見えて、話し手はしゃべりにくくなります。また、身体を縮めていると悩みを抱えている印象を与え、自分のことで精いっぱいで、他人《ひと》の話に耳を傾ける余裕などなさそうに受け取られてしまいます。

私たちは興味のある話が出てくると、無意識のうちに身を乗り出します。ですから、話を聴くときは**少し前屈《まえかが》みになると、「あなたに関心があります」**

というメッセージを伝えることができます。

　また、「目は口ほどにものを言う」という言葉があるように、ノンバーバルの中でも視線はとても重要で、**心地よいと感じさせる温かいまなざしを向けるように**します。ただ、視線を合わせる適切な頻度や長さなどは、自分自身の経験の中から体得する以外にありません。視線をまったく合わせない、凝視する、なめまわすように見るのがよくないことは言うまでもないでしょう。また、視線が合った途端に目をそらすと、後ろめたいことがあるように見えてしまうので気をつけましょう。

　また、表情も感情と密接な関係にあります。**理解に満ちた優しい表情の人には親しみを感じ、安心して心を開くことができる**のです。

ポイント

関心をもって話を聴こうとしていることとは、言葉ではなく態度で伝える。

やってみよう！　声の調子で何が伝わるか

　声の調子にも、感情があらわれます。声の高さや速度などを変えて、同じ言葉を言ってみるとわかります。試しに、声の調子を変えて「わかりました」と言ってみて、何が伝わるか考えてみましょう。

高い声ではっきりテンポよく
と言うと……

低い小さな声で弱々しく
言うと……

わかりました！
心から納得していることが伝わってきますね
わかりました
いやいや承諾したことがわかります

言葉にならない声を聴く

話をするときに、すべての思いをはきだすのは難しいものです。押し込められた気持ちは、どうすれば知ることができるのでしょうか?

ノンバーバルで受け取るメッセージ

ノンバーバルはメッセージを送る一方で、多くのメッセージを伝えてきます。

たとえば、楽しくおしゃべりをしていた友だちが、

「今度、あなたの彼も誘って遊びに行かない?」

と提案した途端に視線をそらし、ため息交じりに

「うん、いいわね」

と答えたとします。

このような場合、言葉（バーバル）は同意していても、ノンバーバルには「行きたくない」というメッセージが込められています。

心配事があると、表情は暗くなり声も沈みます。

気持ちに余裕がなくイライラしているときは、貧乏ゆすりをしたり、指で机をトントンとたたいたり、眉間にしわを寄せたりします。怒っているときには、手が震えたり、口をへの字に曲げたりします。興味がなければ、そっぽを向いたり、そばにあるものをいじってみたり、ほおづえをついたりします。

気持ちは服装にもあらわれる

気持ちがあらわれるのは、表情やしぐさ、声の調子だけではありません。たとえば、初めてのデートに出かけるときは、時間をかけて洋服を選び、お化粧も入念にするものです。反対に、出かけるのが億《おっ》劫《くう》なときは、最低限の身だしなみを整えただけで出かけてしまったりします。

このように、**服装やお化粧にもそのときどきの気**

言葉で伝わる感情は7％？

　感情と態度のコミュニケーションについての実験を行った米国の心理学者アルバート・メラビアンは、言葉によって伝わる感情はわずか7％で、38％が声の調子や口調といった聴覚情報、55％が視線やしぐさなどの視覚情報によって伝わるとしています。

好きだ！
愛してる〜
言葉だけじゃ、伝わらないわ
モノでしか伝わらない人がいるかもニャ〜
上記メラビアンの法則は、相手が自分に好感を抱いているかどうかについては、話の内容よりもおもにノンバーバルによって判断しているという意味で、事実のみを伝えたり要望を伝えるときは当てはまらない

分や思いがあらわれるのです。

言葉にできない、さまざまな思い

　傾聴するときは、ただ話を聴くのではなく、**五感を研ぎ澄ませて、相手が送ってくるメッセージに心を傾けます。**

　人には、他人を気づかうあまりに、言いたくても言えないことがあります。言葉にする前に感情があふれて、言葉にならない思いもあります。さらには、長い間封じ込めてきたせいで、自分では意識することができなくなってしまった思いもあります。

　このような心に押し込めてしまった思い、言葉にならない思いに気づくことが、心を傾けて話を聴くということなのです。

ポイント

人の心は、言葉にあらわされなくても何らかのかたちで表現される。

相手の懐に入り込む

話を聴くなんて誰でも簡単にできそうなのに、実際にやってみると、なかなかうまくできません。それは、あうんの呼吸が必要だからです。

相手の気分を読み取る

ワクワクするような楽しいことがあると、人にしゃべりたくなります。それは楽しさを人と共有できると、楽しさが二倍三倍へと膨らむからです。

楽しいことがあったときは、表情が華やぎ、少しでも人に早く伝えたくて、口調も軽くなります。そんなときの受け答えにはテンポが必要です。テンポがないと、はずむ心に水を差し、楽しい気分を台無しにしてしまいます。これでは、楽しさを共有することはできません。

つらいことがあったときも同じです。

切なくて沈み込んでいるときに、聴き手がウキウキしていると、話し手は話を続ける気にはなれなくなります。話す気力が奪われるだけでは済まず、腹立たしくなることさえあるでしょう。

これらの例からもわかるように、**そのときの相手の気分を読み取って、その気分に合わせて接することが、相手の伝えたいことを聴き取るコツです。**

相手の性格に合わせた応答をする

話し方は気分だけでなく、性格によっても変わります。

わかりやすいように極端な例をあげてみると、何でもポジティブに受け止める明るく外交的な人は、自尊感情が高くて、話し方にも自信があふれ、一般に声が大きくメリハリのあるしゃべり方になります。

一方、内向的で物事をネガティブに受け止めがちな人は、自尊感情が低く、声が小さく自信なさげなしゃべり方になりがちです。

小さな声で話す人に、大きな声で自信たっぷりの受け答えをすると、相手を萎縮《いしゅく》させてしまうことになりかねません。反対に、大きな声で明るく話す人に弱々しい受け答えをしていると、相手は手応えを感じられず、話にはずみがつきません。

話すスピードや声のトーンを相手の性格に合わせて調整すると、違和感を感じさせず、相手の懐に入り込むことができます。

自尊感情って、なんだろう？

自尊感情とは、自分をかけがえのない存在として認め、自分自身を好きだと思う気持ちのことをいいます。

人は、親や教師、友だちなど他者からのまなざしによって、自己（内的世界）を形成します
他者のまなざしからとらえた自己評価の感情が、自尊感情です

肯定的なまなざしが注がれると……

自尊感情は**高く**なる
肯定的
グングン

否定的なまなざしが注がれると……

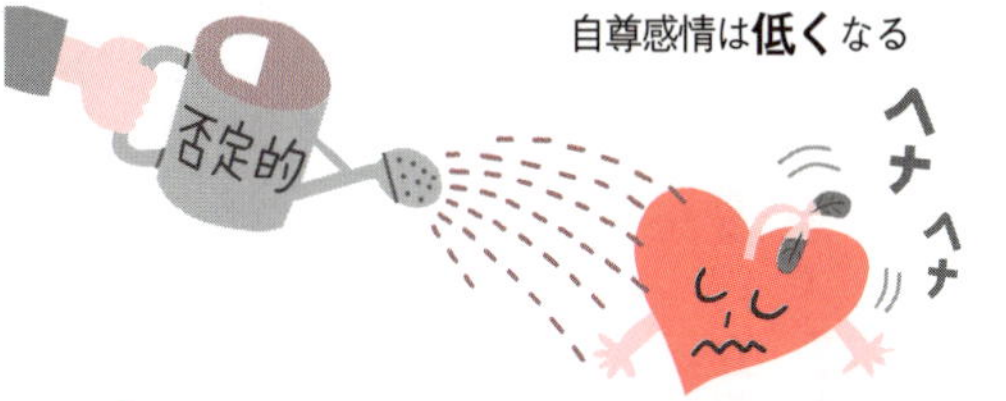
自尊感情は**低く**なる
否定的
ヘナヘナ

ポイント
相手の気分や性格に合わせて、受け答えの仕方を調整する。

話をさえぎらない

話を聴くつもりでいたのに、いつの間にか自分が話す側にまわっていたなんていう経験はありませんか？

おしゃべりは楽しい

おしゃべりな人は、相手の話が終わらないうちに、話を奪ってしまうことがよくあります。

たとえば、こんな具合にです。

Ａ子さんが「この間、Ｓ君にばったり会ったんだけど」と話し始めた途端に、「あら、私もコンビニで買い物してたら、Ｓ君が入ってきたの。久しぶりに会ったら、髪が薄くなっててびっくりしちゃった。しかも、なんか影が薄くなっていてね。話しかけようと思ったけど、すっごく暗かったから、声をかけられなくなっちゃった。そういえば、夫婦でもめていて離婚したとかっていう……」と、延々と自分だけでしゃべりつづけるのです。こういう人は、途中で誰かが口をはさもうとしても、それを制して自分がしゃべりつづけます。

これでは会話とはいえません。だいいち、Ａ子さんが話したかったのは、Ｓ君のことではなく、Ｓ君のお母さんのことだったのかもしれないのです。

会話は、話すことと聴くことで成り立っています。

この二つのどちらが好きかと問われると、多くの人が「話すこと」と答えます。それは、**聴くことよりも話すことのほうがずっと楽で楽しい**と感じる人が多いからでしょう。

話したい欲求を抑えなければ、話は聴けない

先にあげたのは極端な例ですが、傾聴を学ぼうとしている人は、相手の話が終わらないうちに口をは

さんではいけないことぐらいわかっている、と思っているでしょう。

しかし、**相手の話の中に興味のあることがでてきたり、途中で話が行き詰まったりしたときに、相手の話に割り込み、気がつくと聴き手が話す側にまわっている**という光景は、日常とてもよくみられます。また、**勘違いしていると感じると、相手が話し終わる前に口をはさみたくなる**ものです。

話を聴くときには、意識的にしゃべりたい欲求を抑える必要があります。何が言いたいのかよくわからない話にじっと耳を傾けなければならないときは、その場から離れたくなる欲求を抑えなければなりません。**話を聴くのは、忍耐が必要で、エネルギーを消費する**ものなのです。

ポイント

口をはさみたくなる欲求は、意識的に抑えなければならない。

脳は飽きっぽい

脳は飽きっぽく、繰り返される刺激に、徐々に鈍感になっていきます。これを馴化《じゅんか》といいますが、面倒なことも繰り返していると馴《な》れて習慣となり、面倒だと感じずにやれるようになるのです。

口をはさみたくなったときに、しゃべりたい欲求を抑えつづけていると……

話をさえぎらずに聴く習慣が、自然に身につきます
でも…
だけどさぁ
それは…
あのね…
ゴクッ

話を聴いていることを、相手に伝える

真剣に話を聴いてくれない相手には、気持ちよく話をすることができません。聴いていることがわかるように、相手に伝えましょう。

受け取った球を返す

話をさえぎってはいけないと、ただ黙って聴いているのでは、話し手は石の地蔵に話しかけているのと同じです。話を続ける気持ちが失せてしまいます。

コミュニケーションはキャッチボールと同じです。聴き手がただ球を受け取っているだけでは、話し手の投げる球がなくなってしまいます。キャッチボールを続けるためには、球を受け取ったら、相手に球を返さなければなりません。また、コミュニケーションでやりとりされるのは、言葉という見えない球です。そのため球を受け取ったら、受け取ったことを相手にはっきりわかるように伝えると、気持ちよくキャッチボールを続けることができます。

球を受け取ったことを、最も簡単に伝える方法が相づちを打つことです。

「なーんだ、話を聴いたら相づちを打つなんて当たり前のことじゃないか」と、ここでもまた「わかっている」の六文字が浮かんだかもしれません。

しかし、**傾聴のできる人とできない人では、相づちの打ち方が違う**のです。

相づちが話を深める

話を聴くのが上手な人は、話の切れ目を縫うように絶妙なタイミングで相づちを打ちます。打てば響く、たたけば鳴る、当たれば砕くように、**相手の息づかいを崩さず話し方のリズムに合った相づちを打つ**ことが大切です。

「そう」「ええ」「はい」「ふむ」「なるほど」といった**短い言葉を、多めに返す**こともポイントです。話し手と聴き手のリズムが同期すると、話にはずみがついて、話が深まっていきます。

それは、**相づちが「おっしゃっていることは、よくわかります」「その先を話してください」というメッセージを伝える**からです。

ポイント

相づちは意識して少し多めに、相手の話し方のリズムに合わせて打つ。

相づちは集中度をあらわすバロメーター

聴いているふりをしていても、相づちが少なかったりタイミングがずれたりすれば、話を聴いていないとバレてしまいます。次のようなときは、集中力が低下しやすいので気をつけましょう。

忙しいとき

あれも
やらなくちゃ
これも
やらなくちゃ
早く終わら
ないかな

ほかに気になることがあると、話に集中できなくなります

疲れているとき

お隣の
奥さんがねえ…
ねえ聞いてるの！

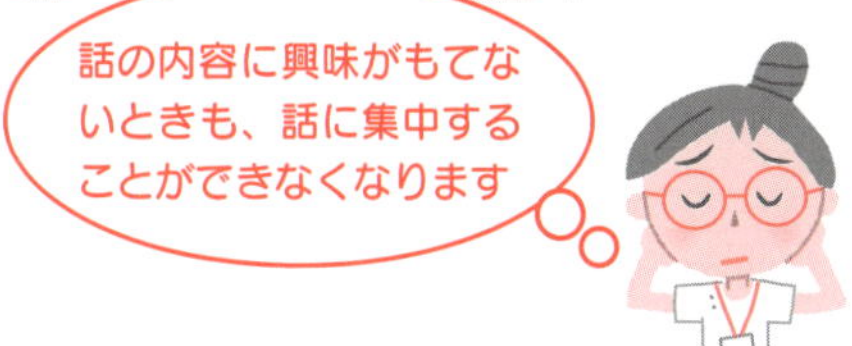
話の内容に興味がもてないときも、話に集中することができなくなります

キーワードを繰り返して、さらに話を深める

相手の話にうなずいたり短い言葉をはさんで相づちを打ちますが、話し手が使った言葉を繰り返しても相づちになります。

キーワードを探す

リズム感のある相づちは話を深めていくものですが、「そうね」「うん」「はい」という相づちばかりでは、話に勢いがなくなってきます。そんなときには、**相手の言葉を繰り返すと、「話を聴いている」というより明確なメッセージを送ることができます。**

相手の言葉を繰り返すといっても、言ったことをそっくりそのままオウム返しにしたのでは、話し手はバカにされたように感じるでしょう。また言葉尻をとらえて繰り返すのも、相手に不快な印象を与えてしまいます。話は深まるどころか、話の腰を折ることにもなりかねません。

繰り返すのに適切な言葉は、**話し手が伝えたいことをあらわすキーワード**です。

話の枝葉末節《しようまっせつ》にはとらわれず、論旨をあらわすキーワード、そのときの感情を示す言葉を探しましょう。キーワードを見つけたら、その言葉をそのまま繰り返します。

容姿を整えるときに自分の姿を映しだす鏡が必要なように、話を整理するときにも心を映しだす鏡があると、とても役に立ちます。**相手が使ったキーワードを繰り返すことで、聴き手が話し手の鏡となり、話の中心に照準が合ってくるのです。**

「わかる」は禁句

友だちどうしの会話では、「わかる」という相づちがよく使われます。「そうだね、よくわかるよ～」

「うん、わかるわかる」と言うと、相手と気持ちがつながったように感じるからでしょう。

しかし**心理カウンセラーは、「わかる」という相づちはあまり使いません。何がわかったのかを言葉にして返すほうが、理解が伝わる**からです。

共感的理解は感情的なふれあいであって、「わかる」という言葉で簡単に伝えられる性質のものではありません。相づちの中に込められた「肯定的に受け止めている」というメッセージが伝わることが大切なのです。

知って得 はみだし情報

繰り返し接すると、好感度が増す

人は、繰り返し接したものには警戒心が薄れ、好感を抱くようになります。これを単純接触効果といいます。

登校前に……
おはよう
○○高校
↑A子さんを好きなB君
↑A子さん
授業中に……
ストーカー？
↑B君
←A子さん
単純接触効果は、好き嫌いの感情が生じる前段階での法則。
もともと嫌われている場合には
通用しない

ポイント

言葉を繰り返すときは、相手が使ったキーワードをそのまま繰り返す。

批判しない

傾聴しようという人間が、相手を批判するわけがないと思うかもしれません。でも批判の気持ちは、いとも簡単にわいてきます。

気持ちは対極にすり替わる

あるがままの姿を受け止めていることを話し手に伝える方法が相づちです。繰り返しになりますが、相づちを打ちながら話についていけば、肯定的に受け止めていることを伝えることができます。

とても簡単なことのようですが、実際にやろうとすると、思ったほどうまくはできないものです。それは、**あなたの中の「人の役に立ちたい」という気持ちが邪魔をする**からです。

誰かが困っていると、なんとかしてあげたいという気持ちから、「こうすればいいのではないか」「ああすればいいのではないか」と、あれこれ考えます。

思考するという作業は、価値観を抜きにしてはできません。そのため、「ああすればいいのではないか」という考えが、いつの間にか「こうしてはいけない」「あんなことをするからいけないんだ」という、あなたの価値観に基づいた批判の気持ちにすり替わってしまいます。

こうして、人の役に立ちたいという優しい気持ちは、あなた自身も気づかないうちに、自分の価値観を相手に押しつけるという身勝手なふるまいに変わってしまうことがあるのです。

価値観は絶対的なものではない

そもそも価値観は主観的なものです。

「赤いバラより、ピンクのスイートピーのほうがきれい」というのと同じだといえば、わかりやすいでしょう。バラとスイートピーのどちらが美しいかという絶対的な基準はこの世には存在しません。これは、どちらが好きかという主観的な基準でしか決められないことです。「お見舞いには、高価なメロンよりも栄養価の高いバナナのほうが価値がある」というのも同じで、実際にはもらった本人の主観でしか判断できないことを、お見舞いを届ける側の価値観で推《お》し量《はか》っているわけです。

　価値観という主観的なものを他人《ひと》に押しつけてはいけないとはいえ、**価値観を完全に消し去ってしまうと、自分のよりどころをなくしてしまいます。**難しいことですが、**自分を見失わずに、相手のどんな姿もあるがままに受け止める**度量を身につけることが、傾聴には求められるのです。

ポイント

批判の気持ちを起こさせる価値観は、きわめて主観的なものである。

知って得 はみだし情報

考え方にはクセがある

　何もかも悪いことへ結びつけてしまう人もいれば、何でも楽観的にとらえて深く考えようとしない人もいます。

　このように、人はそれぞれ独自の思考パターンをもっています。その認知のクセを、自動思考と呼びます。

絶対に嫌われたんだわ
送ってから、まだ5分しかたってないワン
自動思考は瞬時に浮かび、疑おうとしないのが特徴です

非難されても受け止める

話を聴いているときに相手から非難されたとしたら、傾聴関係は危機にさらされます。どう対処すればよいのでしょうか？

自他の区別をつける

ちゃんと話を聴いているつもりなのに、相手から非難されたとしたら、あなたはどう感じるでしょうか。一般に、非難されると心の中に反発心がわいてきます。話を聴くことに一生懸命だったり、人の役に立とうと頑張っているという自負心がある人は、より強い反発心をもつものです。

しかし、**自他の区別ができれば、反発心はおさまります**。自他の区別とは、自分と他人は考えや感じ方が違う存在であるという認識です。

自他の区別はできているようで意外にできていないもので、そんな例は日常生活の中でもよくみられます。自分でやるべきことを他人に押しつけたり、他人の心に土足で踏み込むようなことをするのは、自他の区別がついていないからです。子どもに「お前のために我慢している」と言ったりするのも、親としての責任を引き受けていないからで、自他の区別がついていないといえます。

反論はしない

あなたを非難してきた相手は、おそらく自他の区別がついていないのでしょう。しかし傾聴の場では、**相手に自他の区別を求めるのではなく、あなた自身が自他の区別をはっきりさせ、相手の行動に巻き込まれないようにする**ことが基本となります。

非難されたときに、「でも」とか「だけど」という言葉が頭に浮かんだら、あなたの中に反発心が芽

説得しようとするほど、効果はなくなる

　説得しようとすればするほど、相手の反発心をあおり、効果がなくなることを、心理学ではブーメラン効果と呼んでいます。

　非難されたときに反論すると、相手の否定的な気持ちをますます強くさせてしまうことが多いのは、ブーメラン効果によるものです。

生活できないでしょ！
絶対にダメだ！
反発
自分とのかかわりの深い相手からの説得には、より反発心が強くなります

生えています。それこそが、相手の行動に巻き込まれるときの危険信号です。

　少しでも反論すれば、それに対する反論が返ってきて議論になります。すると人は、**自分を守るための壁をつくります**。こうなると、共有世界を築くことはできません。たとえ的外れな非難であっても、感じ方は人それぞれであって、**相手があなたに対して否定的な思いをもっていることは事実**なのです。その事実を受け止めることが大切です。

　反論せずに話を聴いていれば、話し手はどんなときにもあなたが自分を否定せず肯定的に受け止めてくれると感じることができます。すると、話し手の気持ちは満たされていき、いつしか攻撃の手は弱まるものなのです。

ポイント

たとえ的外れな非難であっても、決して反論しない。

他者への非難に共感する

非難のほこさきが自分にではなく、他者に向けられている場合は、非難の言葉を肯定してはいけません。それは、なぜなのでしょうか？

非難の対象者を擁護してはいけない

話し手があなたを非難するのではなく、誰かほかの人を非難することがあります。

そんなときにあなたなら、非難の対象になった人を弁明する側にまわるでしょうか？　それとも、話し手の非難を肯定するでしょうか？

実は、このどちらもよい対応とはいえません。

たとえばあなたが教師で、生徒のH君が同僚のA教師の悪口を言ったとします。もしもあなたが、H君のことでA教師が悩んでいることを知っていたとしたら、「A先生も一生懸命、君のことを考えているんだよ」とか「君のことを大切に思っているからこそ、そう言っただけで、憎んでいるわけじゃない」などと、非難された同僚を擁護《ようご》したくなります。

しかし、それを言った瞬間に、あなたはH君の敵になってしまいます。H君にしてみれば、**自分の気持ちを理解し味方になってくれると思っていたあなたが、A教師とグルになって自分を責める側にまわったことになる**からです。

このように、悪口の対象者を擁護すると、悪口を言った本人を否定したことになるのです。

悪口を肯定しても受容にはならない

では、A先生の悪口を聴いて、「確かにA先生にはそんなところがあるね」と、あなたがH君の言ったことを肯定したとしたら、どうなるでしょうか。

自分のことを肯定的に受け止めてくれたと、H君があなたに信頼を寄せるようになるかというと、そんなことはありません。

　自分がA教師の悪口を言ったとしても、H君は「悪口を言うのは悪いことだ」という倫理観をなくしたわけではないからです。ですから、**教師という立場にありながら悪口を肯定したあなたは、生徒にとって信頼のおけない人になってしまう**のです。

　話し手から他者の悪口を聴いたときは、悪口の正しさを判定するのではなく、**話し手の怒りを受け止め、共感する**ようにしましょう。

悪口は感情のはけ口

　悪口は、不満や敵意、憎悪、嫌悪、軽蔑などの感情をもったときに、その感情を表出する言語行為です。

悪口となってはきだされるのは、マイナスの感情。

ひきょう者
女ったらし
サイテー
大丈夫？
ふられたばかり →

悪口を言って、感情をはきだしてしまうと……

マイナスの感情をぶつけられた人は、気分が落ち込みやすい
いい男をみつけよっと！
スッキリ
恋は面倒ね…
クラ～イ
マイナスの感情をはきだした本人は、カタルシスを得ることができます

ポイント　**他者の悪口は、否定しても肯定してもいけない。**

嘘をつかない

うまく処理できないことは、自分に嘘をついてごまかしたくなるものです。しかし傾聴関係に嘘があっては、信頼を得ることはできません。

自分の感情を抑えつけてはいけない

否定的な気持ちや反発心をもっているのに、批判してはいけない、反論してはいけないとなると、自分の感情を抑えつけることになります。それでは、**相手を受容するふりをしているだけで、自分に嘘をついている**ことになります。

自分をごまかし嘘をつき通そうとしても、必ず言葉や態度に矛盾が生じて、相手を混乱させてしまいます。あなたが自分の気持ちをごまかしているかぎり、相手が素直な気持ちでホンネを話してくれるわけはありません。

批判せず、反論せず、嘘もつかずに話を聴くためには、まず自分の中に生じている否定的な気持ちに気づくことが大切です。できれば、なぜそのような思いを抱くのかを分析してみるとよいでしょう。

否定的な気持ちになるわけ

否定的な気持ちが生じる原因には、価値観のずれ以外にもいくつか考えられます。

たとえば、自分が何かに苦しんでいるときです。心にゆとりがなく、他人の問題を聴いていてもイライラするだけだったりします。そんなときは、自分が抱えている問題をできるだけ早く解決しなければなりません。

また、幼児性の強いわがままな性格も反発心を生みやすいものです。人間は年齢にかかわらず、みんな多かれ少なかれ幼児性をもっているものですが、

知って得 はみだし情報　嘘を見抜くサイン

トイレに行きたい
だけだよ～
そんなにもじもじ
して、会社の飲み会
だなんて嘘でしょ！

嘘をつくときには、会話の内容に気配りはしても、ノンバーバルにまではなかなか手がまわりません。そのため、しぐさから嘘がばれることが多いのです。

表情が乏しかったり、もじもじしていたり、不自然に髪をさわったりするのは、嘘のサインかもしれません。

自己制御できないほど強い場合は問題となります。

自分の感情を受け止めながら聴く

いずれの場合も、自分の中に生じた否定的な感情の始末をつける手立てを考えなければなりません。

しかし、少なくとも**相手に対する否定的な気持ちに気づくことができれば、その感情を抑制するのではなく、自分の中に生まれた否定的な感情を受け止めながら傾聴することができます。**こうして、自分の中にある否定的な感情に向き合って、問題を克服していくのです。

すぐに反発心を覚える**自分はダメな人間だなんて、考える必要はありません。**多くの困難を克服した人のほうが、他人の苦しみに共感できるものです。

ポイント

完璧な人間はいない。未熟な自分を受容することが大切。

思いを察していいかえる

あなたが察した相手の思いを自分の言葉で伝えてみると、あなたの理解にまちがいがないかがわかります。

話し手の思いを言語化する

話し手の思いを察して、自分の言葉でいいかえることを、心理カウンセリングでは「**明確化**」といいます。

明確化は、言葉として表現していない話し手の思いを明らかにし言語化することで、これができなければ話し手を理解していないことになります。

察しのいい人の会話を思い出してみると、明確化がどういうことかわかりやすいでしょう。

たとえば、お昼休みに「今夜、ちょっとつきあっていただけませんか?」と部下に誘われたときに、察しの悪い上司は「今日は、娘の誕生日でダメなんだ。また誘ってくれや」とだけ言って終わってしま

察すれば、夫婦仲もうまくいく!?

今週末もゴルフ?
ゴルフばかりでごめんな、僕もたまには週末を一緒に過ごしたいんだよ
ワン

イラストのように答えれば、「たまには夫婦で旅行にでも行きたい」という妻の思いを察していることが伝わり、夫婦げんかは少なくなる。

います。しかし察しのいい上司であれば、たとえその日に用事があっても、「私に何か話したいことでもあるんですか?」と尋ね、相談事があるとわかれば、その場で会う日を約束します。

察しのいい上司は、誘いの言葉をそのまま受け取るのでなく、そのときの部下の雰囲気などから言葉の裏に隠された思いを推察して、確認することを怠りません。

理解にズレが生じたら

明確化は、聴き手の推論が交じるため、話し手の思いとの間にズレが生じることもあります。思いに合っているか合っていないかは、話し手の反応でわかります。

「いいえ」「そういうわけではなく」などの**否定の言葉が返ってきたときは、聴き手の理解が話し手の思いとズレています。このようなときは、もう一度話を聴き直して、理解にゆがみがでないように修正する**必要があります。

明確化は自己理解を深める

長い話を明確化する場合は、話し手が使った重要な言葉を核にして、そのキーワード以外は自分の言葉で短く表現します。

どの部分に焦点を当てるかは、話を聴く目的によっても、状況によっても異なります。ただ、本人も気づいてはいるけれどはっきり意識していない思いを言葉にすることが大事なのです。

こうして**言語化することによって、話し手は自分の思いをはっきりと意識することができ、自己理解が深まっていきます。**

ポイント

はっきりとは気づいていない自分の思いを言語化されると、自己理解が進む。

話を引き出す

相手が言葉につまってしまったときや、話しにくそうにしているときには、質問をしてみると、話が先に進みやすくなります。

質問を使って話を聴く

相手が話すことをただひたすら受け身で聴いているだけでは、話し手はもの足りなさを感じるようになるものです。そんなときは、**ときどき質問をはさむと、その話に関心があると伝えることができます。**

矢継ぎ早の質問攻勢は、相手を追いつめてしまうことになりかねませんが、質問がまったくないと往々にして表面的な話だけで終わってしまいます。尋ねられれば答えるつもりだったのに、質問されなかったので話さなかったということもあるでしょう。

相手が積極的に話してくれないときに、ちょっとしたことを尋ねてみると、その質問をきっかけに、自発的に話し始めることもあります。

質問はただ情報を集めるためだけのものではなく、話をうながしたり、広げたり、深めたりと、傾聴場面においてさまざまな効力を発揮します。

二種類の質問を使いこなす

質問には、閉じられた質問と開かれた質問があります。

閉じられた質問は、「はい」「いいえ」あるいはひと言で答えられるような誰でも簡単に答えられる質問ですが、会話が事務的になりやすいのが特徴です。

閉じられた質問は、情報を効率よく集めたいときや、話し手が混乱して話の要点がつかめなくなったときなどに適しています。しかし**聴き手側が主導権を握ることになるため、一方的な話に陥りやすくな**

ります。話し手の意向を制限してしまわないように、使い方に十分な注意が必要です。

開かれた質問は、「はい」「いいえ」あるいはひと言で答えられないような質問のことです。一般的な傾聴場面では、閉じられた質問よりも開かれた質問が適するとされています。「ご気分がすぐれないのですか？」と尋ねるよりも、「ご気分はいかがですか？」と尋ねたほうが、話し手が自由に自分の気持ちや思いを話すことができ、話を聴いてもらったと感じることができるからです。

「どうして？」「なぜ？」も開かれた質問ですが、理由を問いただすときに使われることが多く、尋ねられた相手が自分の非を責められているように感じるため、できるだけ使わないのが基本です。

ポイント

質問は話をうながし理解を深めるが、使い方によっては相手を追いつめる。

「どうして？」とつめ寄りたくなったら……

話を聴いていて納得できないと、つい「どうして？」と尋ねたくなります。そんなときは、「どうしてだろう？」と、話し手と一緒に考える姿勢で尋ねれば、非難せずに理由を尋ねることができます。

落書きするのは、なぜだ？
落書きするのは、なぜなのかな？

上手に聴きだす

具体例をあげて尋ねる

答えを限定しない開かれた質問は、**短い答えで済む閉じられた質問にくらべ、答える人の心理的負担が重くなります**。

人によっては、開かれた質問だと漠然としていて、どう答えてよいかわからないという人もいます。あるいは、「どんなふうに感じていらっしゃるのですか?」と質問されても、自分の感情をうまく言葉にできないという人もいるでしょう。

開かれた質問をしてみて返事に窮《きゅう》している様子であれば、「困ったとか、仕方がないとか、腹が立つとか、あきれたとか、いろいろな感じ方がありますが、あなたはどのように思っていらっしゃるのでしょう?」と尋ね直してみると、ずっと言葉にしやすくなるはずです。このように**具体例をあげて尋ねると、質問の意図が相手に伝わりやすくなります**。

閉じられた質問に置き換える

いくつかの例をあげてみても、なお返事に困っているようであれば、**同じ質問内容を閉じられた質問にかえて尋ねてみる**といいでしょう。閉じられた質問にかえるときは、一つの開かれた質問に対して、いくつかの質問が必要になります。

たとえば、「お父さんが息子さんを叱《しか》ることはありますか?」「息子さんは、学校が終わると家にまっすぐ帰ってきますか?」「お家でも暴力をふるうのでしょうか?」「大きな声で怒鳴ったりもするので

話し手が開かれた質問に答えられず困っている場合は、質問の仕方をちょっと工夫すると、ずっと答えやすくなるんです。

すか？」などと、閉じられた質問で具体的な状況を尋ねていくうちに、話し手の中にその場面とともにそのときの感情が浮かび上がってくるようになります。そうなった時点で、「そのとき、どのようにお感じになりましたか？」と尋ねてみると、答えやすくなるものです。

やってみよう！　質問をかえてみる

あなたがよく出合う傾聴場面を想定して、以下の質問を違う質問の仕方に変えてみましょう。

質問　どのようにお考えですか？

↓ 具体例をつけてみる

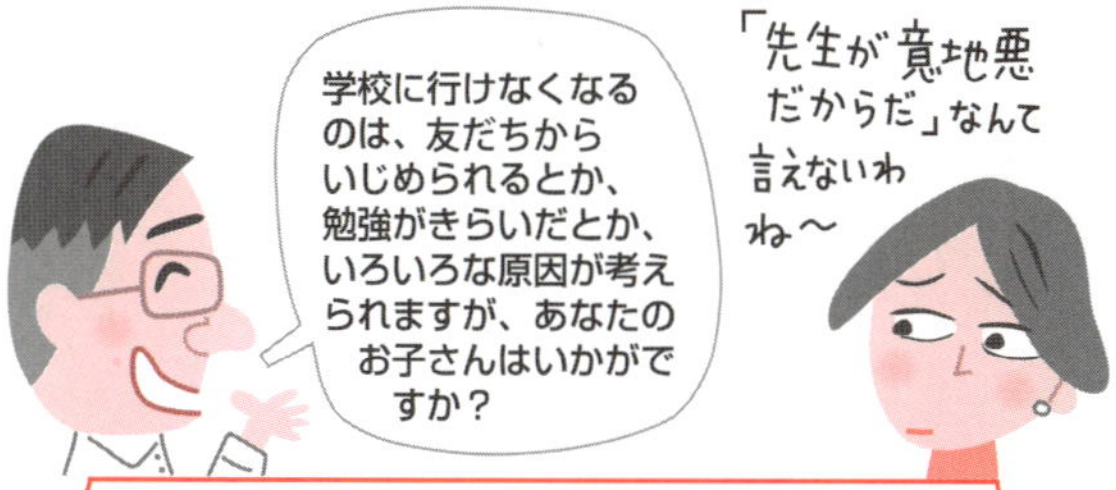
学校に行けなくなるのは、友だちからいじめられるとか、勉強がきらいだとか、いろいろな原因が考えられますが、あなたのお子さんはいかがですか？
「先生が意地悪だからだ」なんて言えないわね～

具体例がつくと話題は限定されるが、質問の意図がはっきりする。

質問　どう感じているのかな？

↓ 閉じられた質問にかえる

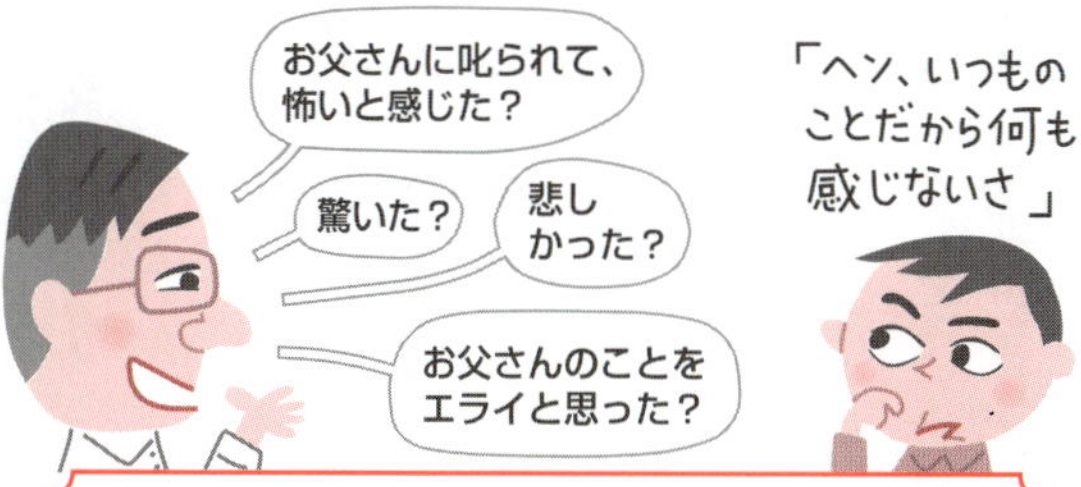
お父さんに叱られて、怖いと感じた？
驚いた？
悲しかった？
お父さんのことをエライと思った？
「ヘン、いつものことだから何も感じないさ」

話し手は閉じられた質問に答えているうちに、どう答えればいいかがわかってくる。

ポイント　漠然とした質問に答えられずに困っているときには、質問の意図が伝わるような工夫をする。

話し手の意図に合った質問をする

受け身のようでいて、実は話の舵《かじ》を握っているのは聴き手です。話し手の質問の仕方によって、話は方向を見失ってしまうことがあります。

最初のひと言では意図はつかめない

相手の話の意図が明確になっていないときに、質問してしまうと、傾聴は失敗に終わります。

たとえば、近所のサウナでたまたま会った顔見知りの人が「最近、相続でもめていてねえ」とぼやいたとします。たとえあなたが、その人とはそれほど親密な関係ではないと思っていたとしても、家庭内の恥を話した相手は、あなたに対して何らかの信頼感をもっているはずです。

しかし、この時点で、「へえ、相続人にはどんな人がいるの?」とか「大変だねえ。裁判にまでいきそうなの?」などという立ち入った質問をしてはいけません。なぜなら、**ぼやいた人の意図がはっきりしていない**からです。

相続の話をしたからといって、遺産について話したかったとはかぎりません。仲が良かったきょうだいが疎遠になるのを憂いているのかもしれませんし、遺産を遺《のこ》してくれた親に十分なことをしてあげられなかったことを悔いているのかもしれません。

だからといって、**勇気をもって内輪話を暴露しているのに、「そうですか」という相づちしか返ってこないと、関心がなさそうに感じられ、話の接《つ》ぎ穂《ほ》をなくしてしまう可能性もあります。**

質問は話の舵取り役

話の意図が読み取れず、しかもプライバシーにかかわるような質問になってしまいそうなときは、

P70で紹介した相手の言葉を繰り返す相づちを使うといいでしょう。

「最近、相続でもめていてねえ」とぼやいたのを聴いたら、「相続でもめているんですか」と繰り返します。すると、「そうですか」という相づちよりも**積極的に聴いているという姿勢と一緒に、「その先を話してください」というメッセージが伝わります。**話が先に進んでいくと、相手が伝えたかった意図がわかってきます。こうして**相手の意図をつかんでから、その意図に合った質問をします。**

意図と異なる質問をされると、話し手は話す意欲を削《そ》がれてしまうからです。

知って得はみだし情報　単純接触効果を狙ったテレビCM

テレビで同じ時間帯に同じCMが繰り返し流されるのは、単純接触効果を狙ったものです。同じCMを何度も観ているうちに、商品に対する抵抗がなくなり、親近感がわいて、購買につながるというわけです。

試しに、文章にも単純接触効果の効果があるのか、P71の内容を繰り返し書いてみました。さて、あなたは同じ内容が繰り返されたことに、何らかの効果を感じることができたでしょうか？

ポイント　話の進む方向は、質問によって変わる。

情報を集めようとしない

たくさんの情報があると、相手のことがわかったような気持ちになります。しかし共感的理解は、情報量と比例するものではありません。

話の内容に沿った質問をする

話し手が何に困り、何を求めているのかを知るには、多くの情報が必要になります。そこで、問題に関連しそうな情報を少しでも多く手に入れようとして、あれもこれもと質問をしてしまうことがあります。また、少しでも早く問題の核心に迫りたいという焦《あせ》りがあると、質問が増えるものです。

しかし質問が多すぎると、話し手はその返事に追われて、本当に話したかったことが言えなくなってしまうこともあります。

傾聴は、話し手を中心にした対話です。あなたの疑問を解消する場ではありません。足りない情報を補うための質問は、相手がある程度話し終えてからするのが基本です。

また**質問するときは、話した内容と関連したことから尋ねるようにします。**

たとえば、「子どもが学校に行かなくなってしまったんです」と言われて、「原因は思い当たりませんか？」と尋ねるのは、話の内容に沿っています。しかし「お子さんの性格は？」「勉強は得意なほうですか？」「仲の良いお友だちはいますか？」などと、話の先回りをして情報を集めようとすると、対話ではなくなってしまいます。

好奇心で質問しない

質問するときに、もう一つ気をつけておきたいのは、**あなたの好奇心を満たすための質問になってい**

ないかということです。

興味をもって話を聴かないと、真剣に耳を傾けることはできません。関心のないことには、集中力が持続しません。ですから、話し手はどんな人なのだろうと好奇心をもって話を聴くのはいいことです。

しかし**相手に対して好奇心をもつことと、自分の好奇心を満たすことは似て非なる行為**です。

相手が話したがらない話を聴きたいと思ったとしたら、そのときあなたは自分の好奇心を満たそうとしていると考えてまちがいありません。

ほかの人が知らない相手の秘密をたくさん知っている人が、聴き上手なのではありません。**本人が話したい話に興味をもって、じっくり耳を傾けることのできる人こそが、話を聴く達人といえる**のです。

ポイント

本人が話したがらないことを、聴きだそうとしてはいけない。

知って得　はみだし情報

好奇心は記憶のビタミン

好奇心
旺盛
それは好奇心じゃあなくてスケベ心だろ!

脳科学者の池谷《いけがや》祐《ゆう》二《じ》氏は、好奇心が記憶力を鍛えると説いています。歳をとると、記憶力が低下するのではなく、何事にも興味が薄れて感動しなくなり、その結果として記憶力が低下するのだというのです。

いいかえると、好奇心をもって話を聴いていれば、記憶力を鍛えることができるというわけです。

論理性を求めない

論理性のない話を理解するのは大変です。理解できない話を聴くのはもっと大変です。傾聴には、その大変さを引き受ける覚悟が必要です。

感情は論理的なものではない

筋の通らない話を聴くと、ついその矛盾を正したくなるものです。「この間は、好きだって言ってたじゃない」「さっき、やりたくないって言ったばかりなのに」などというツッコミを、日常とてもよく耳にします。

私たちは無意識のうちに、話に論理性を求めてしまいます。それは理解したいという気持ちが働くからで、論理的な話のほうがわかりやすいからです。

急に話が変わったり、本筋と違う話が出てきたりすると、相手の話についていけなくなります。わからない話に興味をもつことはできませんから、その話を聴きつづけるのが苦痛になってきます。そこで、なんとか理解し興味のもてる話にしようとして、矛盾を指摘してしまうのです。

しかし感情は、論理的なものではありません。**愛と憎しみ、信頼と不信感といった相反する二つの感情を同時にもっていて当たり前です**。ですから、**感情がからむ話は論理性を欠くもの**なのです。しかも話し手が話しづらいと感じているときは、心理的抵抗が加わって、話が飛躍することもあります。

無理に筋の通る話にしない

相談事の多くは、感情を抜きにして語られることはありません。それどころか、感情が複雑に絡んで問題が生じていることのほうが多いものです。

そんな話し手の感情をとらえるには、論理性のな

い話に腰を据《す》えて向き合うしかありません。無理やり筋の通る話にしようとすると、相手はとても話しづらくなってしまいます。

繰り返しになりますが、**感情的なふれあいが共感的理解**です。

相づちを打ちながら話を聴いていれば、いずれ話の筋が見えてきます。

焦《あせ》って結論を急ぐのではなく、まわり道を楽しむ余裕をもつ、その心のゆとりが信頼関係を築く土台となるのです。

知って得 はみだし情報　感情が記憶させる

学習によって得られる知識の記憶を「意味記憶」といい、個人的な体験の記憶を「エピソード記憶」といいます。

意味記憶　覚えようと意識して覚える

鳴くよ ウグイス
平安京…

意味記憶は忘れやすいので、語呂合わせで覚えたりする

エピソード記憶　覚えようと意識しなくても覚えている

10年前、わたしのおやつ食べたでしょ！
なんでそんなこと覚えてるの？

エピソード記憶には、喜怒哀楽の感情が絡んでいるため、いつまでも記憶に残ります

喜怒哀楽

ポイント　**論理性を欠く話も、腰を据えて聴いていれば話の筋は見えてくる。**

情報提供で解決する問題もある

情報の提供は、コミュニケーションの一環として日常生活の中で頻繁に行われています。傾聴場面でも、ときに重要な役割を果たします。

提供する情報を選ぶ

相手の話を十分に聴き、話し手の気持ちやこれまでの経緯、問題の原因などが明らかになったら、次に問題を改善・解消する方法を考えます。もしも**その問題が知識のかたよりや情報不足によって生じているのであれば、必要な情報を提供することで、問題解決に導くことができます。**

たとえば学業についての悩みであれば、効率のよい勉強法や参考書などを紹介します。勉強できる環境が整っていないという訴えであれば、学習場所として図書館などを勧めたり、集中力をつける方法を教えてあげるのも一つの方法です。

就学相談であれば、志望校の特色や学部による合格の難易度などの情報を提供します。学力レベルに比して希望校の難易度が高く不安を感じている場合は、難易度が低くて校風が似通っている学校を紹介してもいいかもしれません。

話し手が求めている情報だけでなく、それに関連した知識や不安解消に役立つ情報も提供します。

確かな情報を提供する

ごく当たり前のことですが、あやふやな情報を提供してはいけません。情報は時々刻々と変化していくため、まちがいのない情報であることを確認してから提供します。

また、情報を提供したら、**相手がその情報をきちんと理解したかを確認します。**素振りだけで判断できないときは、「理解できましたか」「何か質問はありませんか？」と尋ねてみましょう。
　あなたが提供した情報に対し、相手が不信感を抱くこともあります。信頼性に欠けるのではないか、本当に効果があるのだろうかといった気持ちを感じたら、その反応を冷静に受け止め、相手が納得できるまでわかりやすく説明し直すことが大切です。

ポイント

情報が足りないために生じた問題は、情報を補えば解決する。

知って得 はみだし情報　事実は真実の敵なり

　事実は実際に起こった事柄のことをいい、真実は事実に対する主観的解釈のことをいいます。標題はドン・キ・ホーテの台詞ですが、事実は真実の敵になったり味方になったりするというのが、真実ではないでしょうか？

事実

身長：184cm
年齢：32歳
年収：700万円
趣味：サッカー

真実

み〜んな真実
ステキ〜
遊ばれそうで怖い
性格悪そう

事実は１つなのに、真実は人の数だけ存在する。

情報提供の一環としてアドバイスをする

アドバイスをするときは、誰でも相手の役に立つと思っているはずです。しかしアドバイスには、いくつかの落とし穴があります。

アドバイスを押しつけない

情報は本人が選択できるように、一つだけではなく、いくつかを組み合わせて提供します。聴き手は問題解決のための方向性を示す役割を担いますが、行動に結びつけるのは話し手本人です。

しかし情報だけ提供されても、どう対処すればいいのか判断に迷い、行動に踏みだせない人もいます。そんなときは**実行できるように、具体的な対処方法や解決方法についてのアドバイスも必要になります。**

アドバイスをするときも情報提供と同様に、いくつかの選択肢を示しましょう。これがいいと押しつけるのではなく、**最も実行しやすい自分に適した方法を、本人に選択してもらいます。**

信頼関係がないと反発を生む

アドバイスをする際に注意しなければならないのは、相手が話そうとした意図をよく理解し、信頼関係が十分にできていることを確認してからにするということです。

たとえば、「最近、夫婦仲がぎくしゃくしていて困っているの」と友人から相談されたとします。そんなときに、話をよく聴かずにいきなり「こうするといいわよ」などとアドバイスをすると、相手は自分から相談したにもかかわらず、「あなたに何がわかるの」と反発心を感じるものです。

それは、「夫婦仲がぎくしゃくしているの」という言葉には、具体的な対応法を教えてほしいということよりも、つらい気持ちをわかってほしいという思いのほうが強いからです。話を聴いてもらい、**つらさを共有してもらえたと感じられれば、アドバイスを素直に受け取ることができる**ようになります。

アドバイスの危険な罠

アドバイスするときは、聴き手が話し手へと立場が逆転します。すると、アドバイスをきっかけに話すモードに入ってしまう人がいます。

こうして自分の立場を忘れた人は、アドバイスだと思って自分の体験談を話し始めたりします。そうするうちに、アドバイスをしている自分が偉く思えてきたりもします。こうして、せっかくつくりあげた信頼関係が崩れていくこともよくあるのです。

ポイント

情報があっても行動に移せないときには、アドバイスが必要になる。

アドバイス好きの人の心理

アドバイスは通常、人生の先輩が後輩にするものです。そのため、アドバイスをすると、自分が立派な人間に思えてきます。

劣等感を抱えている人は、自分が立派な人間であることを確認したくなります。そのため、アドバイスが多くなるのです。

こうするといいよ
それじゃあダメだね！
劣等感
大丈夫、僕は立派な人間だ

できないアドバイスもある

アドバイスを求められると、相手から認められたようで嬉しくなる人も多いでしょう。しかし、答えを求めていないこともあるのです。

情報提供では解決しない問題も多い

誰かから相談されたら、相手がアドバイスを求めているのかいないのかを見極める必要があります。たとえば、「学力をあげる何かいい方法はないものでしょうか?」といった質問は、アドバイスを求めています。アドバイスといっても情報を求めているのですから、その人に合った勉強法を探してあげたり、役立ちそうな参考書やドリル、学習塾などの情報を提供すれば解決できる問題だといえます。

離婚を考えている人から「良い弁護士を探しているのですが、ご存じないですか?」と質問された場合も、情報提供で解決します。しかし、「離婚したほうがいいのでしょうか、しないほうがいいのでしょうか?」と質問された場合には、情報提供では解決しません。

答えを求めていない質問もある

離婚したほうが良いのか悪いのかといった問題は、経済状態や子どもの養育などの問題が複雑に絡み、そこに本人の感情も絡んで、さらに判断の難しい問題へと発展します。しかも、状況も感情も刻一刻と変化していきます。その変化を他者が克明にとらえることはできません。話を十分に聴いてしっかり状況を把握したつもりでいても、本人にしかわからないことがたくさんあるのです。

ですから、このような質問に**納得できる答えをだせるのは、本人しかいない**のです。つまり、アドバイスできる問題ではないということです。

また、質問というかたちをとっていても、答えを求めているわけではない質問も多いということを肝に銘《めい》じておきましょう。

答えを求めていない質問は、話の聴き手に尋ねているように見えて、実は自分の心に問いかけています。ですから、「離婚したほうがいいのでしょうか？」といった質問を受けたときは、「どういうことか、もう少し詳しく教えていただけますか？」と話の先をうながすのも一つの手です。

そして**本人が答えを導き出せるまで、話を聴いてあげればいい**のです。イヤな感情をはきだしてしまえばストレスが発散され、本人の問題解決能力は高まるものです。

ポイント

本人にしか納得できる答えがだせない質問には、答えてはいけない。

感情を表現したがらないとき

悪口にかぎらず、感情を表現するとストレスを発散することができます。

しかし、本人が表現したがらない感情を無理に表現させてはいけません。

その時、どう感じた？
怖かった？つらかった？
グサッ

表現したくない感情を無理に表現させると、感情を処理できなくなってしまうことがあります

その人の力をほめる

ほめられて少しこそばゆく感じることはあっても、悪い気はしないものです。ほめると、話し手にどんな変化が生まれるのでしょう？

ほめられると前向きになる

子育てにおいては、かつての「スパルタ教育」はすっかり影をひそめ、今や「ほめて育てる」という考え方が主流になっています。

「スパルタ教育」も「ほめて育てる」方法も、P50で説明した外発的動機づけを使った方法ですが、**叱《しか》られてばかりいると、子どもだけでなく大人であっても自信とやる気を失ってしまいます。**

反対に、良いことをしたときやうまくいったときに、誰かにほめられるのは嬉しいものです。それは、努力が認められ、報いられた喜びにほかありません。**繰り返しほめられると、しだいに自信がつき、前向きに取り組む意欲がわいてきます。すると自然に不安が軽減され、しだいに不安に悩まされることが少なくなります。**

どんなに小さなことでも、賞賛に値するような話ができたら、その機会を逃さず、すかさず反応して惜しみなくほめるようにしましょう。「よかったですね」「ステキなことです」「それは素晴らしい」「なかなかできないことですよ」「すごいですね」「久しぶりに感動しました」などと声をかけられれば、誰でも心がはずむものです。

心を健康に保つ

自信がない人は努力してやり遂げても、それを自分の力だと感じることができません。

偶然うまくいっただけだとか、○○さんがいてくれたからだとか、簡単だったからできただけだというように、成功の原因を外的要因に帰属させてしまいます。

　それでいて良くないことがあると、自分の努力不足のせいだとか、自分に能力がないからだなどと自分を責め、失敗の原因を内的要因に帰属させてしまうのです。これでは、世の中は真っ暗闇です。

　良い聴き手になるには、あなた自身も心が健康でなければなりません。

　もしもあなたが、成功体験をしたときに素直に喜べず、運が良かっただけだと感じたら、声に出して「よかった！　自分もやればできるんだ」と言ってみましょう。こうして**自分で自分をほめてあげると、自己強化され自信がついてきます。**

ポイント

繰り返しほめられると、自信がつき、不安が軽減される。

自己強化って、どういうこと？

　自己強化は、行動療法でとられるセルフコントロール技法です。テストで100点がとれたら大好きなケーキを好きなだけ食べる、弟をいじめたら１か月間はケーキを食べないなど、報酬と罰を自らに課して、自分の行動を適正な水準に強化する方法です。

答えは一つではない

傾聴技法の基本について説明してきた第2章も、いよいよ終盤に近づきました。技法を離れ、もう一度、傾聴の原点に返ってみましょう。

言葉の裏側にある心に気づく

言葉は心を映し出す鏡ではありません。それどころか、**本心が言葉となって表に顔を出すことはほとんどありません。**

たとえば、相手に嫌われたくないという気持ちが強ければ、相手の好みに合った自分を見せようとして、本心を隠してしまいます。後ろめたい気持ちがあると、嘘をついてお茶を濁《にご》そうとします。

まわりの人を気づかって、本心を隠すこともあります。たとえ好みでなくても、みんなが楽しんで観ている映画を「つまらない」などと言えば、その場の雰囲気が台無しになってしまうからです。

このように、ふだんの生活の中でも、ちょっとしたことですぐに本心は姿を隠してしまいます。まして、悩み事があったり問題を抱えている場合は、本心を隠したくなる、あるいは隠さざるを得ない状況に取り囲まれているようなものです。

しかしそんなときにこそ、**その人の本当の気持ちに気づき、その気持ちを受け止めてあげられる人、つまりは傾聴できる人の存在が必要なのです。**

いいかえると、**傾聴できる人とは、表現された言葉の裏側にある心、そう言わざるを得なかった心を理解し受け入れることができる人**のことなのです。

答えを一緒に考える

学校の試験では、答えは一つしかない問題が出題されます。しかし、人生における問題の答えは、決して一つではありません。

本人が納得できる答えがそのときの正解となりますが、**やってみてうまくいかなければ、また違う答えを探せばいいのです。**

何もかもうまくいくような答えが見つからないときは、そこそこ折り合いのつけられる方法を考えてみましょう。

たくさんある答えのなかから、その人に合った答えを探すために、話し手と一緒に考えること、それが傾聴の原点なのです。

知って得 はみだし情報

ストローク は、心の栄養

人の存在を認める行為のことを、交流分析ではストロークと呼んでいます。ストロークは人間が生きていくうえで必要不可欠なもので、心の栄養になるものです。

ストロークには肯定的なものと否定的なものがあります。

肯定的ストロークをたくさん受けて育てられると……

すごいわ！
えらいわね
いいよ
うまいね

心はスクスク成長する

否定的ストロークをたくさん受けて育てられると……

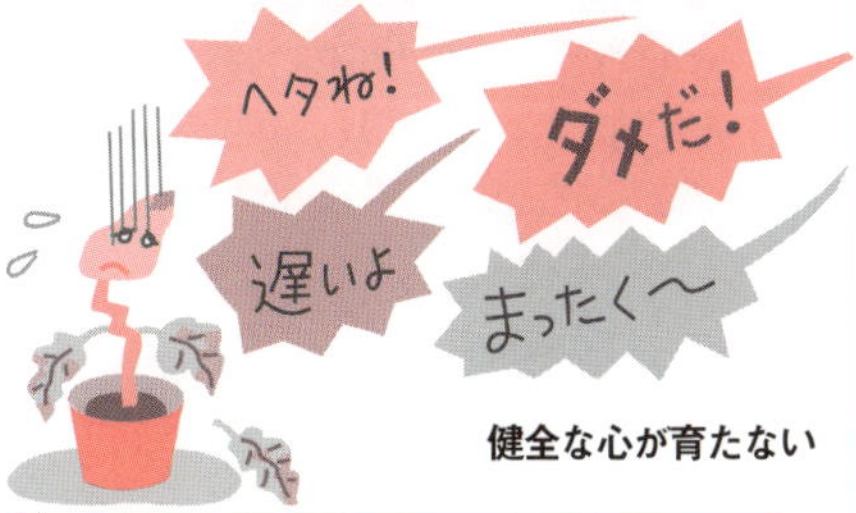
ヘタね！
ダメだ！
遅いよ
まったく〜

健全な心が育たない

どのようなストロークを受けたかが、人格形成に大きく影響する。

ポイント　傾聴は、問題の答えをだすのではなく、本人が答えをだすためのサポートをする。

責任を引き受けない

責任を引き受けないなんて、無責任すぎやしないだろうかと感じた人もいるでしょう。でも傾聴においては、とても大切なことなんです。

社会規範が手助けをさせる

相談をした人は、あなたに何らかの助けを求めています。それは、アドバイスかもしれませんし、実際に何かを手助けしてほしいということかもしれません。話を聴いてほしいというだけであっても、助けを求めていることに変わりありません。

もしも誰かから相談事をもちかけられたら、多くの人は相手の要請に応えようとするでしょう。**助けを求められたときに手を差し伸べるのは、とても標準的な社会規範**だからです。

個人の課題を他人は肩代わりできない

助けを求められて手を差し伸べたときに、何を

自立を奪う親の過干渉

親から「ああしろ、こうしろ」と干渉されて育った子どもは、自立の芽を摘《つ》みとられ、主体性が損なわれる可能性があります。援助においても同じです。

↓過干渉な母親
テレビは1日30分だけよ
勉強しなさい
10時には寝なさい
パタパタ
自主性
主体性
自立

もって問題解決とするかは、簡単に把握できるものではありません。それは、本人にしか答えられない質問と同じように、個人に向けられた課題は、実際には本人にしか解決することができないからです。

ですから、問題解決にあたり、**どのような選択をするか、どのような行動をとるかを決定するのは、助けを求めた話し手でなければなりません。**あなたがかわりに解決しようとしてはいけないのです。

自己決定に基づいた行動を支える

自分がかかわった事柄や行為から生じた結果に対しては、責任を負うのが人の道だと考える人も多いでしょう。しかし、**自分の思考や感情、行動についての責任は、本人以外の人間は負うことができない**ものです。

他者が介入しすぎると、自分で考えて行動することができなくなります。他者に依存し、自立することができなくなってしまうのです。

近年、対人援助の世界では「**援助**」ではなく「**支援**」という言葉が、おもに使われるようになっています。

援助とは、本人ができないことをかわりにやってあげたり、やるのが大変なことを手伝ってあげたりすることをいいます。支援とは、本人の自己決定を基本とし、自己決定できるように支え、さらに自己決定に基づいた行動を支えることです。つまり対人援助では、何でも手助けするのではなく、**本人の希望を実現するために必要な支えをし、自立をうながすことが求められている**のです。

人はみんな問題を解決する能力を内に秘めています。傾聴においても、その能力を信じ、支援と同様の視座をもって臨むことが大切なのです。

ポイント

本人にしか解決できない問題の責任を、他者が負うことはできない。

心を読み解くヒント

パーソナリティの形成

人の影響が大きい人格形成

個人を特徴づける一貫した思考や行動パターンのことをパーソナリティといいます。

パーソナリティは、**もって生まれた特性を下地として、おおよそ三～五歳くらいまでに基礎が固められ**、その後、年齢を重ねて自己を確立し、人格もかたちづくられていくといわれています。

パーソナリティの形成過程で、**最も強い影響を与える存在が人**です。

とくにパーソナリティの基礎部分が固められる三～五歳くらいまでの間は、養育者から大きな影響を受けることになります。

愛情は自信を育てる

養育者から深い愛情がたっぷり注がれた子どもは、「自分は愛されている」「人から必要とされている」という**自己肯定感が根づきます**。

一方、養育者から十分な愛情を受け取れなかった子どもは、自己肯定感が低く、何にも自信をもてず、何かにつけて**「自分はダメな人間だ」と考えてしまう子どもに育ちます**。

困難な局面でも意欲がわく

自己肯定感の高い子どもは、行く手を高い壁にさえぎられても、**好奇心や意欲がわいてきます**。そのため、前向きに壁に立ち向かい打破しようと踏ん張ることができます。

しかし、同レベルの困難に出合ったときに、自己肯定感の低い子どもは**不安や焦《あせ》りで押し潰されそうになります**。

そして、その現実から逃げようとするのです。

第3章

傾聴場面にあらわれやすい心理

傾聴場面では、話し手側にも聞き手側にもいろいろな心理状態が生まれ、ときに困った問題を引き起こすことがあります。

人類を救済するならボクを助けて！
バタッ
世界平和
社会正義
メサイア
人類救済

ホンネを隠す防衛機制

石が飛んできたら、危険を避けようと自動的に身体が反応します。心も危険を察知すると、防衛機制がひとりでに作動します。

傷つきたくないという本能の働き

誰でも傷つくのは怖いし、イヤなもので、できれば避けたいと思っています。

そのため、不安や葛藤《かっとう》、フラストレーションなどによって心が傷つきそうになると、無意識のうちになんとか不安を軽減して、自分を守り、心を維持しようとします。

これを**防衛機制**といいます。

防衛機制は、心理的満足を得るために働く無意識的解決方法で、差し迫った状態になるとしばしば登場します。

ただ、いつ、どこで、どのように使われるかは、本人にもまったくわかりません。しかも、場当たり的な対応であることも多く、矛盾した行動をとることもよくあります。

防衛機制は、ジークムント・フロイトとその娘のアンナによって提唱された概念で、**本能的な衝動（わがままなエス）がもたらす不安から自我を守ることを目的としています**（P35図参照）。

しかし、防衛機制が強く働き、自分を守るために目の前の現実から逃げてばかりいると、かえって心の傷を深めることになってしまいます。

無意識に追いやる「抑圧」

防衛機制にはいろいろな種類がありますが、**ほとんどの防衛機制と関連しているのが「抑圧」です**。

抑圧とは、社会から認められないような欲求や感情、性的衝動、過去の忌《い》まわしい出来事、衝撃的な体験などを、**無意識の領域に追い込んで忘れてしまうことです。**

社会から容認されないような欲求や衝動は、生育過程でストレートに出さないように養育者からしつけられます。そうして、これらの欲求や衝動そのものが抑圧されるようになります。

また抑圧された欲求は、いつも無意識にとどまっているわけではなく、**肉体や思考を通して意識に出ようとしたり、本人を動かそうと試みます。**これをごまかすために、多くの場合、ほかの防衛機制が働くことになります。

知って得 はみだし情報

黒目の動きでホンネがわかる？

雑誌『プレジデント』（プレジデント社刊）の公式サイト「PRESIDENT Online」の中で、表情分析アナリスト工藤力《つとむ》氏は、重要な問いかけをされた場合には、返答する直前の黒目の方向で、次のことがわかるとしています。

上を向く

無心

下を向く

罪悪感もしくは服従

右上を向く

作為

左上を向く

追想

右か左を向く

拒否

右下か左下を向く

目が右下を向いたときは、理屈のうえで行き詰まっている当惑を、左下を向いたときは感情的に受け入れられない困惑を示す。

ポイント　防衛機制は、現実から目を背《そむ》けさせる。

つらい現実を回避しようとする

欲求や願望はなかなか思うようには満たされず、不愉快なことだらけ。そんな現実から逃れ、一時の心の安定を得るための防衛機制です。

現実から逃げる防衛機制

抑圧と同じように、現実を避けて不安を遠ざけようとする防衛機制がいくつかあります。

その代表格が**逃避**です。逃避はまさに現実回避そのもので、**自分の欲求が満たされない、あるいは満たされない危険を感じたときに、その場面から逃れようとする**、実に消極的な防衛機制といえます。

失恋の痛手をお酒で紛らすといった行為も、逃避行動の一つです。現実にはかなわない願望を空想の世界で実現するといったように、空想に逃避する人もいます。

試験の日になるとお腹が痛くなって学校に行けなくなる子どもは、試験の結果を知りたくない、あるいは試験結果を見せて親に叱《しか》られることへの恐れが、病気へと逃避させるのです。

病気への逃避は、病気になると願望や欲求が充足されることになるため、それが報酬となって逃避反応が強化され、習慣化してしまうことがあります。

現実を否定する防衛機制

現実から逃げるのではなく、現実を受け入れず否定する防衛機制を**否認**といいます。否認は、**現実に起こった不愉快な出来事を認めず、無視して意識にのぼらせないようにする**ことです。

たとえば、親しい人を亡くして、その死を認めてしまうと、つらくて耐えられないようなときは、その現実を知っていても知らないことにしてしまうのです。もちろん、否認も無意識で行っていることで、本人はウソをついているわけでもごまかしているわけでもありません。

否認とよく似た防衛機制に**分離**というものもあります。ふつうは、心（感情）と思考や行動は一致しています。しかし、そのまま受け入れてしまうと心が壊れてしまいそうなときには、悲しい知らせを受けてもニコニコしているなど、感情への回路を遮断して思考や行動から心を守ろうとします。

未熟な発達段階に戻る防衛機制

欲求が満たされなくなったときに、その不安から自らを守るために、**発達のより未熟な段階へと逆戻りすること**を**退行**といいます。

弟や妹が生まれて母親が赤ちゃんにかかりっきりになると、上の子どもがおねしょや指しゃぶりなどをするようになるといった、いわゆる「赤ちゃん返り」をするのが、その代表例です。

日常よくみられる否認

歳をとったことを認めたくない人が、年齢にそぐわない若すぎる格好をするなど、否認行動は日常よくみられます。

身体に合う洋服を買ったら
太ったことを認めず、小さな服を着続けるのも否認といえます
このサイズで大丈夫だ！
プチン

ポイント

つらい現実から逃れるために、逃避、否認、分離、退行といった防衛機制が働く。

都合の悪いことは置き換えようとする

ここで紹介する防衛機制は、どうにもならない八方ふさがりの状態から抜け出すために、違うものに活路を見いだそうとする心の働きです。

言い訳し、正当化する防衛機制

自分の思いどおりにいかないことがあると、都合のいい理由をつけて言い訳したくなることがよくあります。これは、**合理化**という防衛機制です。

合理化には、「すっぱいブドウ」と「甘いレモン」の二つの方法があります。

「すっぱいブドウ」とは、甘いブドウを手に入れることができなかったときに、「あのブドウはすっぱくてまずい。だからいらないんだ」と、事実を曲げて自らを納得させ、現実を受け入れようとすることです。

「甘いレモン」とは、本当はブドウを手に入れたかったのに、手に入れることができたレモンを「ブ

人のせいにするのは合理化のせい!!

ほかの生徒はできているんだけどな
先生の教え方が悪いからだよ
テスト
防衛機制
抑圧された自己嫌悪や自己不信などがあり、葛藤《かっとう》に苦しんでいると、合理化を繰り返します

ドウよりも甘いんだよ」と、自分に言い聞かせて受け入れようとすることです。

このように、**やせ我慢したり弁解したりして現実との妥協点を見いだし、自分を正当化して、都合の悪いことを受け入れようとするのが合理化です。**

かわりのもので充足を得る防衛機制

「甘いレモン」と同様に、かわりのもので欲求を満たそうとする防衛機制に**代償**というものがあります。これは、**欲求が社会的に認められないことであったり、実現が困難で満たされそうもないときに、それにかわるもの、かわる行為で充足を得ようとすることです。**

たとえば、会社で上司から頭ごなしに怒鳴りつけられてストレスを溜《た》め込んだ夫が、家で妻や子どもに当たり散らすといった、いわゆる八つ当たりも代償によるものです。

知識でカバーしようとする防衛機制

欲求を直接満たすことに不安があるときは、それに関連した知識を取り入れることによって欲求を充足しようとすることがあります。これは、**知性化**と呼ばれる防衛機制の働きによるものです。

知識を身につけること自体は悪いことではありませんが、知識を取り入れることで「問題が解決した」ととらえ、自らの問題を直視しようとしなくなる点が知性化のやっかいなところです。専門用語などの難しい言葉を使って屁理屈《へりくつ》を言いますが、現実を認めたくないために理論武装をしているだけで、**本質的なことは何も理解していないのです。**

ポイント

意のままにならない欲求をかわりのもので充足しようと、合理化、代償、知性化といった防衛機制が働く。

置き換えた欲求で高みを目指す

防衛機制は自己を防衛するだけでなく、社会に適応するための働きでもあり、適応機制とも呼ばれます。

かわりの行動で補おうとする防衛機制

能力的に劣っていたり、不足していたりすることを、かわりのもので補おうとする防衛機制は、**補償**と呼ばれます。

たとえば、顔に自信のない人が服装や持ち物で飾り立てたり、勉強が苦手な人がスポーツに力を入れるなど、**強い劣等感をもっている人に生じやすい**適応機制です。

これらの補償行動は、劣等感を解決しているわけではなく、「抑圧」と同じように、満たされない欲求を無意識の領域に追いやっているだけです。しかし、何らかの行動によって無意識化している点が、抑圧とは異なります。

もう一つの補償行動

大変ね!
ボクは仕事ができないから、人より頑張らなくちゃ

劣等感のもとになっている問題点を、努力によって解決しようとするのも補償行動の一つ

社会的価値の高い欲求にかえる防衛機制

攻撃衝動や性的衝動などの抑圧された反社会的な欲求を、社会に受け入れられるような価値ある活動

に打ち込むことによって解消することを**昇華**《しょうか》と呼びます。

たとえば、けんかばかりしていた乱暴者が、ボクシングや柔道、相撲といったスポーツに打ち込んだり、性的欲求が強い人が裸の絵を描《か》いてその欲求を満たそうとしたりするのが、その例です。会社で溜《た》め込んだストレスをボランティア活動で発散することも、昇華にあたります。

かなえられない欲求をほかのことでかなえようとする、あるいはかなえてしまうという意味では補償とよく似ています。しかし昇華は、**原始的な欲求を価値ある欲求へと引き上げ、あえて困難なことに挑戦しようとしたり、社会的な価値を高めようとしている点が、補償とは異なります。**

高みを目指して自分を上へ引き上げようとするため、昇華は最も望ましい防衛機制ともいわれます。

しかし置き換えた目標を達成するには、多くの困難を乗り越えなければなりません。それができずに挫折して、新しく生まれた劣等感から、違う防衛機制に逃げ込んでしまうこともよくあります。

より純粋に、より高度に……

いいや、小説に書いてみよう！
殺したいほど憎い！

置き換えられた欲求が社会的に価値が高い場合は、昇華と呼ばれる

ポイント

昇華は最も望ましい防衛機制だが、挫折の種にもなりやすい。

他者と自分を重ねて心を安定させる

他者と自分を重ねるといっても、比較するわけではありません。他者を真似たり、他者のせいにしてしまったりという防衛機制です。

他者の行動を取り入れる防衛機制

ある対象への強い感情が動機となって、その人の考え方や行動を自分の中に取り入れ、まるで自分のもののようにふるまうことがあります。これは**同一視（同一化）**と呼ばれる防衛機制です。

たとえば、憧れている人とのギャップを埋めるために、その人の真似をするといったことは、日常とてもよくみられる行為です。

名声や権威に自分を近づけようとすることもあります。学歴コンプレックスのある親が、子どもに猛勉強させ、レベルの高い学校に入れて自分の劣等感を解消しようとするのも同一視に含まれます。

また攻撃されないために、攻撃してくる恐怖の対象を真似ることもあります。それは、恐怖の相手になりきることで、不安が軽減されるからです。

いずれも同一視することで、**自分を高めようとしている**ところに特徴があります。

自分の感情を相手に重ねる防衛機制

同一視と同様に、相手と自分を重ねる防衛機制に、**投影（投射）**と呼ばれるものがあります。こちらは、**自分の中にある望ましくない欲求や感情を、他者に映し出してしまう**心の働きです。

たとえば、相手を好きになれないときに相手が自分を嫌っていると思い込んだり、相手に不満を感じているときに相手が自分に対して怒っていると思い込んでしまったりするのです。

このように思い込むことで、悪いのは自分ではなく相手だと、その人に責任をなすりつけてしまいます。同時に、嫌悪感や怒りなどのネガティブな感情をもっているのは自分だけではないという安心感を得ているのです。

投影の働きを知っていれば、傾聴の場で**「○○さんに嫌われているみたいなんです」という話が出ても、言葉どおりに受け取ってはいけない**ことがおわかりいただけるでしょう。よく話を聴いて、慎重にその真意を確認してみる必要があります。

同一視と投影

同一視

憧れのエルビスとのギャップが埋まった！
世代のギャップを感じるな～

投　影

お前、浮気してるだろ
そうか！この人、浮気したんだ

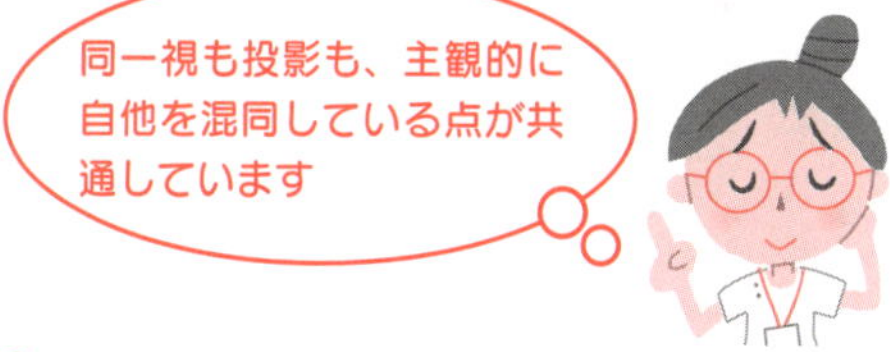
同一視も投影も、主観的に自他を混同している点が共通しています

ポイント　人は不安を軽減するために、他者を利用することがある。

気まずい雰囲気が続くとき

傾聴場面で気まずい雰囲気が続くのは、自分を守ろうとして、話し手が強く抵抗しているからかもしれません。

表面化されない抵抗もある

話し手に防衛機制が働いていると、聴き手にとっては抵抗と感じられます。

たとえば、話し手が時計ばかり気にしてうわの空だったり、同じ話を繰り返したり、何を話しかけても無視したり、生返事しか返ってこなかったりするときです。面談の約束を破る、聴き手の言うことをまったく認めようとしないなども、話し手の抵抗のあらわれといえます。

にこやかに話しているのに、話の焦点がぼけていて何を伝えようとしているのかがつかめないといったときも抵抗である可能性があります。あなたが言おうとしたことを先回りして、わかったように話すのに、決して実行しようとはしないなどといったかたちであらわれることもあります。

理由を探って関係をつくりなおす

ある程度の抵抗は、どんなときにも存在しているものです。しかし話がかみ合わず、**気まずい雰囲気が続くときは、抵抗の力が強いと考えて、それまでの話の聴き方に問題がなかったかを振り返ってみましょう。**

相づちなどが少なく熱意がないと思われたのではないか、焦《あせ》って相手がイヤがっていることを無理やり聴き出そうとしたのではないか、相手をとがめるようなことを言ったのではないか、情報の提供の仕方が押しつけがましかったのではないかなど、相手の反応を思い出しながら、それまでの対応の仕方をチェックしていきます。

理由がわかれば、**問題のあった部分を修正して、最初から関係性をつくりなおす努力をしましょう。**

どうしても思い当たることがないときは、相手の側に原因がある可能性も考えられます。

気まずさを感じる沈黙

傾聴の場面で相手が黙り込んでしまうと、聴き手は気まずさを感じて話しかけたくなります。

しかし、なかには話しかけないほうがいい沈黙もあるのです。

話しかけないほうがいい沈黙

- どんなふうに言えばいいのか考えているとき
- 口を開くと、つらい感情があふれそうなとき
- 感情に浸っているとき　など

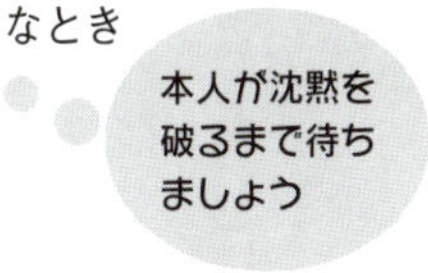
本人が沈黙を破るまで待ちましょう

話しかけたほうがいい沈黙

- 警戒心のため、話す内容が浮かばないとき
- 話したくないという自己防衛が働いているとき　など

警戒心
警戒心
警戒心
警戒心
警戒心
警戒心
警戒心
警戒心
警戒心
話したくないの？
十分に時間をおいて、ゆっくり尋ねましょう

「話したくないの？」と尋ねてみて反応がなければ、「秘密が漏《も》れそうで心配なの？」など話したくない原因を推測して、尋ねてみるとよい。

ポイント

気まずい雰囲気をつくっている原因が話の聴き方にあったときは、聴き方を修正して、最初から関係をつくりなおす。

過去に生じた感情が転移する

以前抱いた感情が向けられる

気まずい雰囲気が続くのに、どうしても思い当たる理由が見つけられないときは、相手に**感情転移**が生じている可能性があります。

感情転移とは、**それまでに出会った重要な人物との過去の経験を思い出して、そのときの感情や態度を聴き手に向けてくる**というものです。

重要な人物とは、父親のこともあれば、母親や兄弟であることもあります。教師や上司、あるいはかつての恋人であることもあります。

信頼感、尊敬や感謝の念、親密感などのポジティブな感情を向ける**プラスの感情転移**もあれば、敵意や不信感、猜疑心《さいぎしん》、憎しみなどのネガティブな感情を向ける**マイナスの感情転移**もあります。

たとえば、父親の厳しさにいつも怯《おび》えていた女性が男性の聴き手にビクビクしたり、母親に甘えたくても甘えさせてもらえなかった男性が女性の聴き手

「転移」といえば「がん」を連想する人が多いでしょう。転移とは場所をほかに移すことで、感情も異なる対象に移ることがあるんです。

プラスの感情転移であっても

迷惑な行為に走ることもよくある
うん、そうか…
↑プラスの感情移転が生じている
寝ていたのになあ

に母親としての愛情を求めるといった具合です。

マイナスの感情転移は抵抗と感じられる

話し手にマイナスの感情転移が生じると、聴き手は訳もわからず憎しみや嫌悪の対象とされるわけですから、対応に困るだろうことは簡単に想像できるでしょう。しかしプラスの感情転移であっても、いつまでも話を終えてくれなかったり、用もないのに訪ねてきたりといった絡みつくような甘えの行動に、閉口させられることになります。

マイナスの感情転移が生じると……
理由はなく、すべてが気に入らないという感情に包まれる
なんか、いやらしい
話し方がイモっぽい
暑苦しいよ
声がきらい
おはよう！
おはようございます

←マイナスの感情移転が生じている

また、**愛と憎しみといった正反対の感情が一緒に転移する**こともあります。すると、感情の起伏が大きく、素直だと思っていたら急に反発心をむきだしにするなど、言動がめまぐるしく変わります。

このような状態が生じているときは、話し手はあなたの現実の姿を見ているわけではありません。ですから、相手の感情に一喜一憂しても仕方がないのです。

ポイント

感情転移に気づいたら、その感情に巻き込まれないように気をつける。

転移した感情にふりまわされる逆転移

傾聴の場では、話し手と聴き手の感情がぶつかり合い、絡み合います。話し手の感情に巻き込まれると、逆転移という問題が生じます。

転移に気づかず起こる逆転移

感情転移が生じた場合、実際にはそのような感情が生まれる関係はないのに、話し手の中に勝手に感情が生まれ、聴き手に愛情や不信感を向けてくるわけですから、通常は何らかの違和感を感じます。

しかし、話し手が感情転移を起こしていることに気づかなかった場合、マイナスの感情転移であれば聴き手は怒りを感じたり、プラスの感情転移であれば愛されていると早とちりしたりします。

こうして起こるのが、**対抗感情転移**といわれるものです。

対抗感情転移は**逆転移**とも呼ばれ、**話し手の言動に刺激されて聴き手の心に感情がわきあがること**をいいます。

たとえば、逆転移が生じていると、話し手があなたに反感を示したときに、相手を嫌いになり反発心を抱くといったことが起こります。話し手があなたに好感を示したときに、相手に好意的な感情をもったとしたら、やはり逆転移にほかありません。

どちらも**相手の感情に巻き込まれ、ふりまわされている状態**で、このようになってしまうと、話し手をありのままに見ることができず、傾聴関係は成り立たなくなってしまいます。

解決していない問題が逆転移を生む

逆転移は、自分自身が未解決の問題を抱えている人によくみられます。

たとえば、学歴にコンプレックスがある、父親に頭があがらない、母親から離れられないなどの問題を抱えている人は、同じような問題を抱えている人の気持ちがよくわかったつもりになります。ところが実際には、相手と自分の問題を混同していることが多く、客観視できずに逆転移が起こるのです。

しかも**未解決の問題を抱えている人は、不安や恐怖に怯《おび》えています**。こういった恐れから逃れるために、相手の問題にのめり込み、話し手のためではなく、**自分の心を満たし助けるために、相手を助けようとしたりする**のです。

話し手の感情にふりまわされていると感じたら、自分の中に解決できていない問題がないか、自分自身に目を向けてみることが大切です。

ポイント

逆転移は相手の感情に巻き込まれている状態で、客観的態度がもてなくなる。

逆転移反応のタイプ

以下は、Wilson & Lindy が援助者の反応の仕方と話し手との距離のとりかたから、心的外傷治療における逆転移反応を４つに分類したものです。

自分が引き起こしやすいパターンを把握し、心をコントロールするのに役立てましょう。

		話し手との距離のとりかた	
		回　避	同　一　化
援助者の反応の仕方	客観的	回避的な共感的関与 • 不明瞭さ • 脆弱《ぜいじゃく》さ • 不調和な感情	抑圧された共感的関与 • 無感覚状態 • 知性化 • 誤ったダイナミクスの認知
	主観的	不均衡な共感的関与 • 境界の喪失 • 過剰なかかわり • 相互依存	緊密な共感的関与 • 回避 • 否認 • 心理的な距離の確保

情報は無意識にゆがめられる

外界の情報を集めて推理・判断・記憶し、知識とする過程を認知といいます。同じものを見ても、認知の仕方は人により違うものです。

世界に一つの認知フィルター

「あれっ？　あの人、この間とぜんぜん違うことを言ってる」と思ったことはありませんか。しかし、それはあなたの勘違いで、あなたが無意識のうちに話をゆがめてしまったせいかもしれません。

考えてみればごく当たり前のことですが、**受け取った情報は、受け手側の解釈によって記憶の箱に保存されています**。

私たちは世の中の情報を、聴覚や視覚、触覚、嗅覚《きゅうかく》、味覚などの感覚器から受け取り、神経系を通して認知します。耳や目などの感覚器が受け取った情報から、それがなんであるかを判断したり解釈したりするのが神経系の役割です。

その際に働くのが、**認知フィルター**というものです。

柔軟な心で受け止める

認知フィルターは、それまでの経験からつくられるもので、世の中に一つとして同じものはありません。ですから、**受け取った情報をまったく同じに解釈している人は、世の中に一人もいない**といえます。

一〇〇パーセント同じ情報を受け取ることができないとしたら、「人とわかりあうのは無理なんだ」って思いますよね。しかし、細部にこだわらない柔軟な認知フィルターであれば、受け取った情報が少しくらい違っていても理解することはできます。

大切なのは、**自分が話したことは相手に一〇〇**

パーセントは伝わらないし、受け止めた情報は相手が発信したそのままのものではないという点をしっかり認識しておくことです。

物事をゆがめる認知フィルター

私たちは、過去の経験によってつくられた認知フィルターを通して、見たり感じたり理解したりしています。

そのため自分なりの解釈・判断で情報をゆがめてしまうこともあれば、自分にとって都合の悪い情報は記憶の箱から締め出すことさえあります。

このように、**認知フィルターに大きなゆがみが生じていると、物事を正しくとらえることができなくなってしまう**のです。

ポイント

どんな情報も、受け取った人の認知フィルターによって解釈される。

コミュニケーションを妨げる雑音

コミュニケーションは、ほんの小さなことが原因となって妨げられます。騒音、湿度、悪臭などの不快な環境、それに偏見や誤解、先入観なども、コミュニケーションの妨害要因になります。

美人は性格が悪い
親切にしてくれるのは
あの男が見てるからだ
おばあさん持ちましょうか
偏見や先入観というゆがんだ認知フィルターをもっていると、正しい認知ができなくなってしまいます
先入観

くらべた対象で評価が変わる対比効果

認知フィルターのゆがみは、認知のゆがみ、思考のゆがみとも呼ばれます。自分にどんなゆがみがあるのかを知っておきましょう。

認知の仕方にはクセがある

人はみんな、個別の認知フィルターを通してものを見ているわけですが、**ものの見方やとらえ方は時と場合により多少変化があったとしても、概ね同じ傾向を示します。**この認知のクセ（自動思考）は、生まれもった資質を基礎として、長年の経験を通して醸成《じょうせい》され、定着し、無意識に行われます。

たとえば、給料日前でランチをコンビニのおにぎりで済ませなければならないほどお金に窮《きゅう》しているときに、バッグのサイドポケットに千円札が入っているのを見つけて、「明日はステーキランチが食べられる！」と喜ぶ人もいれば、「一万円札だったらよかったのに」とがっかりする人もいるのです。

このように同じ状況で同じものを見ても、感じ方は人によって大きく違います。そして、千円札を見つけて手放しで喜んだ人は、物事をポジティブにとらえる傾向があり、がっかりした人はネガティブな思考をする傾向があるといえます。

認知のクセは、本人にとっては慣れ親しんできたもので、そう簡単に変えられるものではありません。しかし、**あらかじめ見誤りやすい要因を知っておくことは、認知のゆがみを防ぐのに役立ちます。**

比較価値は本当の価値ではない

高価な商品のあとに見せられたものは、多少予算をオーバーしていても、安く感じてしまうことがあります。また個別に見たときには何も感じないのに、

知って得 はみだし情報　小学校・中学校教育は、相対評価から絶対評価へ

これがボクの評価なの～？
ガクッ
あまり差がないじゃん！
通知表 5 5 5 5
相対評価
通知表 3 3 3 3
通知表 3 3 3 3
絶対評価
通知表 2 2 2 2

小・中学校での学力評価は、長年とられてきた相対評価から絶対評価へと変わりました。

相対評価は、他人との比較により、所属する集団の中での位置を示した評価尺度です。絶対評価は目標に対する達成度を示した尺度で、学習意欲を喚起する効果があるとされています。

二つ同時に並べてみると、一方が優れているように見え、もう片方が劣っていると感じることがあります。このように、比較対象があることで見え方が変わることを**対比効果**といいます。**比較する対象があるとその特徴が際立って見え、その個性や特徴をつかみやすくなるものです。**そのため、誰かを理解しようとするときに、無意識のうちにくらべる相手を探してしまうことがあります。

しかし**他者との比較が、その人の評価に結びついた場合は認知のゆがみとなります。**

なぜなら対比効果は、事実を過大にすることもあれば過小にしてしまうことがあるうえ、対比による評価は**本来関係ない評価者の価値基準や比較対象者を基準として生まれる**ものだからです。

ポイント

他者との比較による評価は、その人の本当の価値をあらわすものではない。

好みが価値を左右する

人には好みのタイプ、好みではないタイプがあります。こういった感情をすべて排除するのは難しいものです。

真実をゆがめるハロー効果

人は際立った特徴に心を奪われやすく、その特徴があるためにその人の見え方が変わることがよくあります。これを、**ハロー効果**（**光背《こうはい》効果**）といいます。ちなみに、halo《ハロー》とは後光という意味です。

たとえば、仕事はコツコツやるけれど、頭はボサボサでなんだかパッとしないと思っていた男性が有名大学出身だとわかった途端に、実直で真面目ないい人に思えたりするといった具合です。

ハロー効果は、良い影響だけでなく悪い影響を与えることもあり、その特徴のせいでその人の全体の評価を下げてしまうこともあります。たとえば、明るく積極的で頼れる男性だと思っていたのに、趣味

見かけにだまされるな！

男性が美人に弱いのは、美しいだけですべてがよく見えてしまうというハロー効果が働くからです。

ハンカチ落としましたよ
なんて賢く、優しい人なんだ
賢くて優しいって何でわかるんだろう？

がギャンブルだとわかった途端に、軽薄でいい加減な人に思えてくるといった具合です。

評価を甘くする寛大効果

ハロー効果とよく似た認知のゆがみに、**寛大《かんだい》効果**というものがあります。

寛大効果は、自分にとってあるいは社会一般にとって望ましい特性は高く、望ましくない特性は控えめに評価することで、全体の評価が甘くなることをいいます。

このような認知のゆがみは、相手によく思われたいという意識が働いているときや、自分に自信がないなど、自己の脆弱性《ぜいじゃくせい》に起因して起こります。

ポイント

相手のすべてが良く見えるときや、相手から批判されたくないと感じたときは、認知のゆがみに注意する。

自分の弱さが事実をゆがめる

批判されたくない気持ちや相手への気づかいなどから、相手に対する見方を無意識に変えてしまうのが寛大効果です。

なぐることも
あるけど、優しい
ところもあるの…
バタン

ある一面が全体評価に結びつく

わずかな経験で認知する過度の一般化

理解できないことをなんとか理解しようとして、人は無意識にいろいろな工夫をします。それが認知のゆがみにつながります。

自分の数少ない経験を引き合いに出して、それを一般的な事象ととらえてしまうことを、**過度の一般化**といいます。

たとえば、就職試験でたった一度失敗しただけで、自分には実力がない、人から認められないと思い込み、ほかの会社の就職試験を受ける気力をなくしてしまうようなケースが、その例といえます。

このような認知のゆがみは、人間理解についても同様に起こります。

背が高く鼻筋の通った男性と恋に落ちて、持ち合わせがないと言うのでお金を貸してあげたら、それっきりその男性と連絡がとれなくなったとします。すると、背がスラリとして鼻筋が通っている男性はみんな、自分をだまそうとしているんじゃないかと疑いのまなざしで見るようになったりするので

過度の一般化

過度の一般化は、数少ない経験から誤った一般論を導き出してしまうことで、類推の誤りともいえます。

バ〜ン
いつも失敗するんだ…
この間は、うまくできてたよ
いつもではないことを「いつも」と言うときは、過度の一般化の傾向がある

す。過去に出会った誰かに似ていると思ったときに、**容姿だけでなく性格までも似ているように感じたら、要注意です。**

また**偶然目撃したある一面を、その人の性格として一般化してしまうこともあります。**たまたま上司と激しく口論している光景を見たために、状況をよく知りもせず、口論していた同僚を怒りっぽい人だと思い込み、近寄ろうとしないといった具合にです。

単純にして理解する過度の単純化

過度の単純化という認知のゆがみもあります。

こちらは、複雑すぎて理解するのが困難な場合に、表層部分のみで判断しようとしたり、類型化したりして、対象をごく単純なものにしてとらえようとすることをいいます。理解しようとして相手に歩み寄るのではなく、自分が認知できる枠の中に相手をはめこんでしまうのです。

こうして**単純化して認知してしまった場合、多くの特徴は見落とされて**しまいます。

過度の単純化

過度の単純化は、いくつもある特徴の一部だけを取り上げて、枠にはめ込んでしまうことです。

やさしいからおばあちゃんみたいだね
いや、ばあさんとは月とスッポンじゃよ
落ちましたよ
過度の単純化は、似て非なることを同じものとして取り扱ってしまうことがある

ポイント

過度に一般化された認知も、過度に単純化された認知も、その人がもつ多くの特徴は見落とされる。

欠点を際立たせるレッテル貼り

商品にはその特徴を示したレッテル（ラベル）が貼られていますが、商品と同じように、人にもレッテルを貼ってしまうことがよくあります。

人はレッテルを貼りたがる

商品に貼られているレッテルは、商品の中身を保証する正しいものであることが原則です。しかし、**人に貼られるレッテルは、貼った人間の決めつけによるものであって、その人を正しくあらわしたものではありません。**

レッテルにあらわされるのは、「礼儀知らず」「恩知らず」「判断力に欠ける」「オタクっぽい」「官僚的」「負け組」など、その人のマイナスの側面です。そしてレッテルは一度貼りつけてしまうと、そのイメージからなかなか抜け出せなくなります。こうして、**ごく一部のマイナスの側面をその人の特徴としてしまうのがレッテル貼り**で、「過度の一般化」の極端な例といえます。

そもそもひと言のレッテルで表現できてしまうほど、人間は薄っぺらな存在ではありません。それなのに私たちはある側面だけを取り上げてレッテルを貼り、そのレッテルのイメージで全体を固定してしまいたがるのです。

不安な心がレッテルを貼らせる

他者にレッテルを貼りたくなるのは、その人の不安な心に根ざしています。

他者にレッテルを貼りたがる人は、一般に強気で攻撃的・批判的な人が多いのですが、心の底に不安を抱えています。その怯《おび》えから自分を解放するために、相手の価値を下げて、そのイメージをまわりの人に周知し、安心したいという心理が働くのです。そのため、マイナス面をレッテルにして貼りつけてしまうわけです。

レッテルは他者のみにではなく、自分自身に貼ることもあります。たとえば失敗したときに、「私は能力がない人間」というレッテルを貼りつけてしまうのです。**自分にレッテルを貼るのは、本当にそのように思い込んでいることもありますが、他者からの攻撃をかわしたい、あるいは自分を正当化したいという心理が働いている**こともあります。

レッテルは他者にも自分にも

他者に貼った場合

他者にレッテルを貼ると、その人からの反発や敵意をあおることになる。

あなたはこれね
なんだとーっ！
負け犬
サッ
解雇通知

自分に貼った場合

自分にレッテルを貼ると、自己無価値感や抑うつ感を誘発することになる。

解雇通知
そうか…
負け犬
負け犬
負け犬
ペタッ

レッテル
他者にであれ自分にであれ、レッテルを貼ってしまうと、互いに理解し合うことはできなくなります

ポイント　レッテルを貼った瞬間から、その人のイメージは固定化される。

強迫観念に駆られるすべき思考

すべき思考は誰もがもっているものですが、その思いが強すぎると、認知のゆがみにつながります。

すべき思考はやる気を奪う

人はみんな、自分の価値観を判断基準としたものさしをもっています。このものさしを使って思考しているため、**ある行いがその判断基準から外れていると、「○○すべきだ」という思考が自然に生まれてきます。**

しかし、この「すべき」はあくまでも理想です。現実はなかなか思いどおりにはならず、実際の行いも理想どおりにできるものではありません。

ところが、この**すべき思考が強い完全主義者は、「○○しなければならない」という強迫《きょうはく》観念に駆《か》られて、自分をがんじがらめにしてしまいます。**誰かに強制されたり、何らかの制約があるわけでもないのにです。

しかしながら、こうして自分で自分を縛りつければイヤでもやる気が起こるかというと、そういうものでもありません。追い込まれれば追い込まれるほど、やる気は失せてしまうものなのです。

そのため、**すべき思考が強すぎると、やるべきことができなくなり、そんな自分に対する罪悪感や恥の意識にさいなまれるようになります。**こうして自分で自分を追いつめていき、しまいには無力感や敗北感にとらわれるようになってしまうのです。

自分のものさしは他者には通用しない

すべき思考を社会一般のルールに置き換えてしまう人は、**他者に自分のものさしをあてて、その判断**

すべき思考によるゆがみの修正

すべき思考による認知のゆがみは、「すべき」ではなく「できるといいな」程度の柔軟な姿勢で考える習慣をつけることで、修正することができます。

基準に合った行いを期待し、「○○さんは○○すべきだ」という、独りよがりな考えをもちます。こうして**認知のゆがみ**が生じます。

すべき思考は、自分の判断基準によるものさしでつくられたものです。しかも自分でさえなかなかできない理想論ですから、他者に通用することはまずありません。

それなのに、**すべき思考で固まってしまった人は、自分の期待に応えてくれないことに対し失望してしまうほど、独善的になります。**しかも、ときには失望感にとどまらず絶望感へと発展し、怒りや恨みを抱くことさえあるほど、その失望は大きなものになることがあるのです。

ポイント

「○○すべき」という考えは自然に生まれるものだが、すべき思考はあくまでも理想論。これに縛られてはいけない。

受容を妨げる劣等感

聴き手が劣等感をもっていると、相手の話に素直に耳を傾けることができなくなります。そこには、どんな心理が働くのでしょうか？

強い劣等感は問題を引き起こす

自分と他人とを比較して落ち込んだ経験は、誰にでもあるのではないでしょうか。**他者と比較して、自己評価が他者よりも低いと劣等感が生まれ、不安感、絶望感、無気力感などに苦しめられます。**

余談になりますが、一般に劣等感とコンプレックスは同じ意味で使われています。しかし精神分析では、コンプレックスは「強い感情やこだわり、記憶の集合体で、ふだんは意識下に抑圧されているもの」のことをいいます。つまり、劣等感のみならず、優越感もコンプレックスの一つで、精神分析では劣等感は劣等コンプレックス、優越感は優越コンプレックスと呼ばれます。

劣等感は多くの人が感じるもので、ある程度のものであれば、かえってよい人間関係をつくるのに役立ちます。しかし、劣等感が強すぎると、いろいろなトラブルを引き起こすもとになります。

劣等感から生まれる引き下げの心理

自己評価が低く、強い劣等感をもっている人の大きな問題は、引き下げの心理が働くようになることです。強い劣等感があると、自己の優位性を感じるために、他者の良いところを否定するようになります。それは、**他者の価値を下げれば相対的に自己評価があがり、心の安定を保つことができるからです。**

たとえば、「国立大学出身者は会社では役に立たない」「大卒のクセに礼状も書けないのか」などと言う人は、学歴に劣等感があり、相手の価値を引き下げて、そのコンプレックスから逃れようとしているのかもしれません。

いずれにしても、**強い劣等感があると、他者をありのままに受け止めることはできなくなります。**自分がどんなことに劣等感を抱いているかを意識し、それによりどのような引き下げの心理が働きやすいのかを自覚しておくことが大切です。

劣等感を克服する方法

1 他人と比較しない

劣等感は、自分と他《ひ》人《と》とをくらべるから感じるもので、「人は人、自分は自分」と考えて、自分の良いところに目を向けるようにします。

勉強しなくて
いいから
いいな〜
何でも食べられる人間はいいな〜
比較するのは、これほどバカバカしいこと！

2 実現できそうな目標をもつ

実現不可能な高すぎる目標にこだわると、劣等感に悩まされることになります。実現できそうな目標を立てるようにしましょう。

目標3割
カーン
よし、これで2割3分3厘だ

掲げた目標のどのあたりまで達成できたかによって、自己評価する習慣をつけよう！

ポイント

ちょっとした劣等感は人間関係構築の栄養になるが、強い劣等感はトラブルのもとになる。

過度の甘えは依存を生む

大人になっても、甘えさせてくれる人がそばにいると安心できるものです。しかし甘えは、時として依存状態を生み出します。

社会が甘えを許容する

日本人にとって甘えはとても身近なものであると同時に、日本の社会構造も甘えを許容するようにできあがっています。

たとえば、男女間でよくみられる「言わなくても気持ちを察してくれよ」といった心理です。目をかけている部下に対して「期待に応えてくれよ」と思うのも、上司が目をかけてくれているから「これくらいの失敗なら許してもらえるだろう」という心理が働くのも、まさしく甘えのなせる業《わざ》なのです。

このように、**甘えとは「まわりの人に好かれて依存できるようにしたいという感情」**であり、**「相手の好意をあてにしてふるまうこと」**でもあります。

甘えは悪いことではない

甘えというと、なんとなく悪いことのように感じてしまう人も多いようです。それは駄々をこねる子どもの幼児的なふるまいが思い浮かぶからかもしれません。あるいは、成長過程でまわりから「いい年をして、いつまでも甘えているんじゃない」などと叱責《しっせき》された経験があるからでしょうか。

しかし大人であっても、自分を理解し助けてくれる相手が必要です。そういった人がそばにいてくれないと、人生は孤独なものになってしまいます。

そのため、**まわりの人に上手に甘える能力が大切で、この能力を備えていない人は疎外感を感じやすかったり、一人で何でも抱え込んでパンクしてし**

まったりするのです。

互いに依存し合う関係とは

　人に甘える能力は大切ですが、いきすぎると依存状態を生みだし、相手がいないと欲求が満たせなくなってしまいます。そして、ときには**互いに依存し合う共《きょう》依存状態を引き起こす**ことになります。

　甘えてばかりいる人が依存状態にあることはわかりやすいと思いますが、実は、相手の過度の甘えを許容する人も依存状態にあるのです。というのは、**過度に甘えさせる人は、相手に必要とされることによって、自分の存在意義を見いだしていることが多いからです**。そこから生まれるのが、**メサイア・コンプレックス**という心理です。

ポイント

甘えは悪いことではないが、過度の甘えが生む依存状態は問題をもたらす。

依存、自立、相互依存、共依存の関係

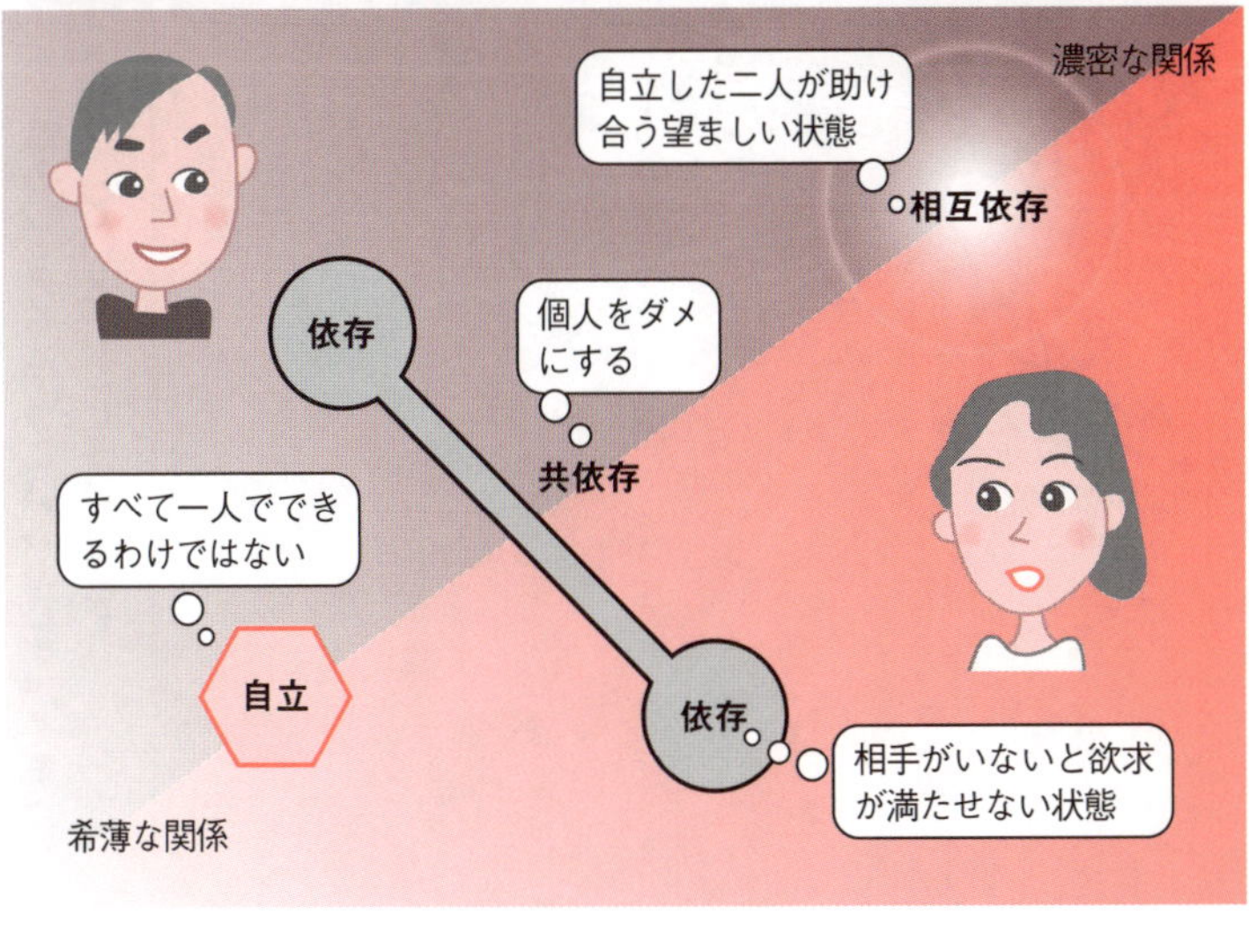
濃密な関係
自立した二人が助け合う望ましい状態
相互依存
依存
個人をダメにする
共依存
すべて一人でできるわけではない
自立
依存
相手がいないと欲求が満たせない状態
希薄な関係

メサイア・コンプレックスという落とし穴

メサイア・コンプレックスをもっている本人は善意のつもりでやっているのですが、まわりは迷惑していることが多いのです。

自分が救われたいから人を助ける

「何かの役に立ちたい」「世の中の役に立つような人になりたい」と思って、ボランティアに精を出したり仕事を選んだりする人は大勢います。対人援助関係の仕事に就《つ》いた人は、「人の役に立ちたい」という気持ちの強い人が多いでしょう。その「人の役に立ちたい」という思いは、純粋に献身的なものであるかもしれません。

ところが、**なかには無意識のうちに「自分が救われたい」という気持ちから、人の役に立ちたいと思っている**ことがあります。これを**メサイア・コンプレックス**といいます。メサイアとはメシア（救世主）のことで、メサイア・コンプレックスは救世主願望と

メサイア・コンプレックスのある人は……

理想が高く熱意はあるのに、目の前の現実に目が行き届かないのが特徴です
社会正義
世界平和
人類救済
メサイア
人類を救済するならボクを助けて！
バタッ

も呼ばれます。

救世主願望のある人は、**自分自身に価値を感じることができないために、人から感謝されるようなことをして自分の価値を感じようとする**のですが、これは**抑圧された強い劣等感**によるものです。

いいかえると、行き詰まった自分に活路を見いだすために、人の役に立とうとするのです。

自己中心的な動機による行いは不安定

動機はどんなことであれ、人の役に立つのはいいことなのだから別に問題はないだろうと思った人もいるかもしれません。しかし無意識に突き動かされ暴走しやすいのが、コンプレックスというものです。

本人は相手のためだと思い込み、正しい行いをしているつもりなのですが、相手の気持ちを無視しています。そのため、**まわりが迷惑と感じるような親切の押し売りがよくみられます。**

また、メサイア・コンプレックスを抱えている人は、心の底にある不満や劣等感の反動で、過度な理想主義に走り、頑張りすぎる傾向があります。しかし現実は、理想どおりに事が運ぶことはまずありません。

こうして、頑張りが結実しないという状態が続くと、**突然やる気を失い、まるで別人のように仕事を放り出してしまったりする**のです。

人の役に立とうという熱意は尊いものです。しかし、その思いが「感謝されたい」とか「自信をつけたい」といった動機から生まれたものであれば、自己中心的なものでしかありません。**自己中心的な動機による行いは、まわりの状況に流されやすく、とても不安定なものになります。**

ポイント

強い劣等感は、人を過度な理想主義に追い立てる。

対人援助職へと導く不健全な動機

メサイア・コンプレックス以外にも、対人援助職を選択した理由として、援助活動の妨げになる動機がいくつかあります。

動機は仕事の質に影響する

私たちは、自分の性格や適性、それまでの体験などをもとに職業を選択しますが、その動機は意識されているものとされていないものがあります。

対人援助職を選択した動機が、実は**自己中心的で不健全なものであった場合、実際に職業に就《つ》いたときに援助を適切に行うことができないといった事態を引き起こす**ことがよくあります。

メサイア・コンプレックスの背景と重複するものもありますが、ここでまとめておきましょう。

感情を処理するための動機

対人援助の仕事には、他者を思いやり、忍耐強く接する温かい愛情が求められます。しかし、**援助者自身が不安を抱え愛情を必要としていると、その自分の欲求を満たすための相手を得ようとして、無意識のうちに対人援助職を選択する**ことがあります。

このような動機で職に就いた場合、相手の求めには何が何でも応じなければならないという強迫《きょうはく》観念に駆《か》られ、愛情を注ぐことに躍起《やっき》になります。しかし空回りしていることが多く、いずれエネルギーが尽きて挫折してしまいます。

また、対人援助職は人とかかわる職業であるため、**自身が抱えている深い孤独感を癒《い》やせるのではないかという期待から、選択する**人もいます。しかし友人が少なく社会から孤立している人は、人間関係の構築の仕方に問題を抱えていることが多いものです。

こういった人が対人援助関連の仕事に就いたからといって、人とつながるのがうまくなるわけではありません。

誰もが心に傷を負いながら成長し、大人になってからも子どものころの心の傷を引きずっているものです。そして日々の生活の中でまた新たに傷つき、人それぞれ何らかの方法で対処しています。

しかし、**それらの感情をうまく処理できないまま、自身の課題解決のために対人援助職を選んでしまう**人もいるのです。

あなたの動機は大丈夫？

愛情がほしい
孤立したくない
苦しみから逃れたい
私って良い援助者ね
口に入らない

不健全な動機に気づき修正する

これらの不健全な動機は援助のあり方を左右するものですが、そのことに気づいて修正することができれば、その経験がかえって、よりよい援助職へと成長させてくれます。

深い心の傷は、苦しみを味わったことのある人にしかわかりません。苦しみを乗り越えた経験を通して、癒やす力はより活性化されるのです。

ポイント

誰もが心に傷を負いながら成長する。その傷をきちんと手当てすると、傷ついた経験を生かすことができる。

仕事として感情を管理する

対人援助の仕事は、規則に則《のっと》って感情をコントロールすることが求められる点が、ほかの多くの仕事と違うところです。

対人援助職は感情労働

感情労働という言葉をご存じでしょうか?

肉体を使って賃金を得るのは肉体労働、アイデアや知識で賃金を得るのは頭脳労働です。これに対し、**自分の感情を抑制し意識的につくりだした感情で賃金を得る仕事を感情労働といいます**。

もともとは米国の社会学者A・R・ホックシールドによって提唱された概念で、客室乗務員や債権回収人をその典型的な職業としました。近年では医療・福祉・教育・心理などの実践にあたる対人援助関連の仕事も、感情労働と呼ばれるようになっています。

感情労働は、❶対面あるいは声による接触がある、❷他人の感情や行動に何らかの影響を及ぼす、❸雇用者が研究や管理体制を通じて、労働者の感情を支配するといった特徴があります。

感情規則に則して感情を管理する

感情労働には、**職業として求められる感情規則があり、労働者はその規則に則《のっと》って感情をコントロールすることが求められます**。

感情規則には、表層演技と深層演技に基づいて感情を管理することと定められています。

表層演技では、常に顧客に対して適切な感情をもっているかのようにふるまい、表情をつくることが求められます。労働者が実際にどう感じているかにかかわらず、表面上は適切に見えることが重視されるのです。

感情のコントロールは大変！

来るのが遅い！
ナースコール
お待たせして、ごめんなさいね
今日はもう6回目よ
感情規則
患者に対して感情的になってはいけない

そして深層演技では、自分の感情をコントロールし、顧客に適切な感情をもつことが求められます。

人としての感情を押し殺す

感情労働者は、自らの感情を用いて、相手に心の安らぎがもたらされるように、相手の感情に働きかけることを職務とします。 しかし感情労働者も生身の人間ですから、ときには相手に対し怒りを感じたり、恐怖心を抱くこともあります。そんなときでさえ自分の感情を押し殺し、優しい笑顔をつくって語りかけることを強いられるのです。

このように**心理面と行動面にギャップを抱えたままの生活を続けていると、心の健康に問題が生じることがあります。**

ポイント

感情規則に則して感情をコントロールすることは、ときに心の健康を阻害する。

感情労働は心を消費する

対人援助職はやりがいがある一方で、感情のコントロールが難しく、大きなストレスを受けやすい仕事といえます。

対人援助職に多いバーンアウト

感情労働である対人援助職のメンタルヘルスとして問題視されているのが、**バーンアウト（燃え尽き症候群）**と呼ばれるものです。

対人援助職におけるバーンアウトは、長期間にわたって絶えず心的エネルギーが過度に要求され、その結果、心にダメージを受けて引き起こされます。**極度の心身の疲労と感情の枯渇《こかつ》がみられ**、卑下《ひげ》、仕事に対する嫌悪、思いやりの喪失などをともなうのが特徴です。

メサイア・コンプレックスなどの不健全な動機から援助職に就《つ》いた人に、とくによくみられます。

教師を例にあげてみると、本来行うべき学習指導以外にも生徒指導、各種書類の作成など、かつてにくらべ業務量は増加し、残業時間も長くなる傾向にあります。しかも、不登校やいじめ、発達障害など生徒が抱える問題は複雑になり、対応が難しく、心身ともにぎりぎりのところで職務を遂行している教師が増えています。しかし理想に燃えて教師になった人は、強い使命感や責任感、義務感をもっているため、何かにつまずいて心身に不調を感じても、自分のことは後まわしにして、目の前の児童・生徒への対応を優先してしまいます。

また、まわりには迷惑をかけられないという気づかいから、人に相談もせず無理をします。それが孤立化につながって、自分でも気づかないうちに疲弊《ひへい》し、ついにはバーンアウトに至ってしまうのです。

共感疲労にはサポートが必要

対人援助職が助けを必要としている人に熱心にかかわり、緊張状態に置かれることによって自分の心をすり減らした結果、いろいろな症状を示すことを**共感疲労**といい、「**ケアの代償**」とも呼ばれます。

しかし感情労働は、ネガティブな側面だけではありません。職業上の葛藤《かっとう》を抱えながらも喜びをもって働けるような「**ケアの報酬**」を生み出すこともあり、こちらは**共感満足**と呼ばれます。

共感疲労に対する十分なサポートがあれば、ストレスに対処することができ、バーンアウトは予防できます。また共感満足を得られれば、バーンアウトへのリスクを軽減させることができるのです。

ポイント

対人援助の仕事をするときには、心に抱く感情の取り扱いに注意が必要となる。

共感疲労と共感満足のバランス

共感疲労
先生なんか大嫌い!
先生、大好き!
共感満足
共感疲労が大きくても、共感満足が十分に得られれば、バーンアウトになるのを防げます
バランス

ストレスを理解しよう

バーンアウトを避けるためには、ストレスを溜《た》め込まないことが大切です。ストレスの要因やストレス反応について理解しておきましょう。

ストレスは毒にも薬にもなる

ストレスというと有害なものというイメージがありますが、それはまちがいです。

多少ストレスがかかっているほうが、心地よい緊張感や興奮に包まれ、気持ちを引き締めることができ、仕事の効率もあがります。つまり、良い仕事をするためには適度なストレスが必要なのです。

ストレスが有害となるのは、緊張や興奮が激しすぎて体が適応できなくなったときです。過度のストレスがかかると、心身にさまざまなストレス反応がみられるようになります。

ストレス反応として、心理的、身体的、行動的側面に、左ページ下のような変化があらわれます。

人間関係はストレスのもとになりやすい

ストレスは、左ページ上に示したような出来事が引き金となって引き起こされます。

とくに**人間関係によるストレスは、大きなダメージをもたらします。**また、仕事が合わなかったり忙しすぎたりするのもストレスとなりますが、閑職《かんしょく》で暇をもてあましている場合もストレスが生じます。

几帳面《きちょうめん》すぎる性格や負けず嫌い、感情を抑えて無理やり適応しようとする人は、性格的にもストレスを溜《た》め込みやすいタイプだといえます。

ポイント

ストレスが大きくなると、心理面だけでなく体や行動面にも変化があらわれる。

さまざまなストレスの種

住環境や生活の変化
単身赴任《ふにん》、転居、騒音など

自分の出来事
病気、家庭不和、人とのトラブル、事故や災害など

金銭問題
多額の借金、ローン、収入減など

自分以外の出来事
家族・親族・友人の死や病気、非行など

重い責任の発生
仕事上の事故や失敗などによる

人間関係のトラブル
上司・部下・同僚との対立、パワハラ、セクハラなど

役割や地位の変化
昇進・昇格、配置転換、出向などによる

仕事の質や量の変化
長時間労働や人事異動、トラブルの発生などによる

ストレスが**大きく**なると……

さまざまな**ストレス反応**があらわれる

身体的側面　高血圧、胃・十二指腸潰瘍、糖尿病、首や肩のこり、動悸、息切れ、下痢・便秘、食欲不振、不眠、肥満など

心理的側面　抑うつ症状、意欲の低下、イライラ、緊張、不安など

行動的側面　作業効率の低下、作業場の事故、アルコール依存、過食、拒食など

出典：厚生労働省「こころの健康　気づきのヒント集」より作成

ストレスとうまくつきあう

ストレスは、生活に適度な刺激をもたらしてくれるものです。大きくしすぎないように、うまくつきあう方法を考えましょう。

ふだんの生活の中でストレスを解消する

過剰なストレスがかからないように、ふだんからストレス予防を心がけましょう。

仕事に関係のない趣味をもち、自然に親しんだりスポーツで汗を流したりすると、心身ともにリフレッシュして、気分転換を図ることができます。**一人でやることや仲間でやることなど、いろいろな趣味をもつと、日々の生活がより楽しくなります。**

また悩みがあるときは、誰かに話を聴いてもらうだけで、心の中のモヤモヤが解消され、心が軽くなるものです。たとえ相談したいことがなくても、会って笑って話をするだけでもストレス解消になります。そういった**気のおけない仲間をつくり、交流する時**

ストレッチングとは

長時間同じ姿勢でいたり、人間関係や仕事に追われるなどのストレスがあると、筋肉は緊張します。この筋肉の緊張をほぐすだけで、ストレスはある程度解消されます。

ストレッチングは筋肉をゆっくり伸ばす軽い運動で、特別な道具は必要なく、その場で手軽に行うことができます。

ストレッチングのポイント

❶**はずみをつけず**にゆっくり伸ばす
❷**呼吸は止めず**に自然に行う
❸10～30秒間**伸ばしつづける**
❹**痛みを感じるところ**までは伸ばさない
（無理はしない）
❺伸ばしている部位に**意識を向ける**
❻**笑顔**で行う

間をもつようにしましょう。

とても基本的なことですが、**規則正しい生活を心がけて十分に睡眠をとる**ことも、ストレス予防には大事なことです。

職場でストレスを解消する

一日中緊張が続くと、強いストレスを感じるものです。そんなときは、**廊下で深呼吸したり、その場で軽くストレッチングをする（下イラスト参照）などして、小休止をとる**ようにしましょう。

また、**タバコやお酒でストレスを紛らそうとすると、いつの間にか量が増えて、心身の健康を損ねてしまう可能性があります。**タバコやお酒はストレス解消には不向きです。

ポイント

ストレスは過剰に溜《た》め込まないように、日頃からこまめに解消する。

身体をほぐすストレッチング

背中

両手を組んで前へ伸ばし、おへそをのぞきこむようにして背中を丸める

腰

腰を伸ばして、身体を後ろにひねり、背もたれをつかむ

上半身

両手を組んで上に伸ばしながら胸を張る

出典：厚生労働省「こころの健康　気づきのヒント集」より作成

専門家に橋渡しをしたほうがいいとき

話を聴いて話し手のニーズを把握すると、自分でその問題を解決したいという気持ちがわいてきますが、あなたが適任とはかぎりません。

誰が対応するのがよいかを適切に判断する

話を聴いていて、**自分では十分なサポートができないと感じたら、その道のプロを紹介することが、相手にとって最もよい支援になります。**

このことは、法律の知識がなければ解決できないようなケースを例にあげると、わかりやすいでしょう。離婚や遺産相続、土地・建物などにからむトラブル相談であれば、専門知識をもった弁護士や司法書士、行政書士などの力が必要になります。こういった場合は、自分の守備範囲ではないことがはっきりしているので、専門家に依頼することにためらいを感じることはあまりないはずです。

しかし、**心理的な援助を必要としている場合は、**

利害関係がある人の話は……

経理部
最近、競馬もパチンコも負けてばっかで、女房が機嫌悪くてね～
お金を扱わない部署に配属をかえたほうがいいかも・・・
人事部
利害が絡む人の話も、客観的に聴くのがなかなか難しいものです

専門家に委託することに葛藤《かっとう》が生じやすいものです。

たとえばあなたが介護職であれば、利用者にとって最も身近な存在であり、利用者の悩みに最初に気づいてあげられるのも、あなたなのかもしれません。このような立場に立つと、一番の理解者である自分が解決してあげたいという思いをもちやすいのです。

しかし、話し手に神経症的な症状や抑うつ状態がみられるような場合は、自分でなんとかしようとしてはいけません。そんなときは、精神科医や心理カウンセラーの専門的なサポートが必要だからです。

自分は何ができて何ができないのかを自覚し、**自分自身で十分に対応できるのか、あるいは専門家を紹介したほうがいいのかについて、適切な判断をすることも、話を聴いたあなたの大事な仕事なのです。**

未解決の問題を抱えたまま支援はできない

話し手の抱える問題が自分の守備範囲であっても、ほかの人を紹介したほうがいいこともあります。

それは、**話し方のクセやちょっとしたしぐさに、嫌悪感を抱いてしまう場合**です。それは過去に出会った人に抱いたイヤな感情が転移しているせいかもしれません。感情転移が生じ、自分の感情をコントロールできないときは、その人を支援することはできません。

また、**あなたが話し手と似たような問題を抱えている場合**も、話を客観的に聴くことができなくなります。相手を深く理解したつもりが、相手の感情に巻き込まれ、ただ傷をなめあっているだけで、問題の解決につながらないということが起こるのです。

あなた自身が未解決の問題を抱えている場合は、自分自身の問題を解決することが先決です。

ポイント

課題解決の適任者がサポートにあたることが、最もよい支援になる。

心を読み解くヒント

他者からの影響

社会的促進と抑制

米国の心理学者フロイド・オルポートは、他者がそばにいることで、作業や課題の遂行量が高まることを実証しました。この現象は**社会的促進**と呼ばれます。

しかし、他者がそばにいれば必ず社会的促進が起こるというわけではなく、他者の存在によって作業や課題の遂行量が低下することもあります。この現象は**社会的抑制**と呼ばれます。

他者の存在によって、社会的促進と社会的抑制という対極の現象が生じるわけですが、単純で習熟した課題の場合は社会的促進が生じ、難しい課題の場合は社会的抑制につながるとされています。

社会的手抜きと補償

ドイツの心理学者マクシミリアン・リンゲルマンは、綱引きによる実験で、共同作業になると一人で作業するときよりも作業量が落ちることを実証しました。これを**社会的手抜き**といいます。まわりの人が頑張っているから手を抜いても大丈夫だろうという心理が働くというのです。

反対に、共同作業のほうが一人でやる作業よりも、作業量が増えることもあります。

それは、その成果が個人にとって重要な意味をもち、しかも他者をあてにできないときで、ほかの人の不足分を補うために、作業量が増えるというわけです。これを**社会的補償**といいます。

このように、私たちは他者が存在するだけで、行動や感情に影響を受けてしまうのです。

第4章 知っておきたい場面別アプローチ

話を聴こうと思っても、どのように対応すればよいのか困ったことはありませんか？ 対応が難しい事例を取り上げて、アプローチの方法を紹介します。

「あなたのせいだ」と責める人への対応

自分には思い当たることはないのに、「あなたが悪い」と責められたときは、いったいどうすればいいのでしょうか?

心の動き

自分の思いどおりにいかないことがあると、その責任を誰かほかの人になすりつけようとする人がいます。

うまくいかないことを誰かのせいにしようとするのは、その原因が自分にあることを認めることができないからです。それは、**その人が現実を受け入れることができない弱さをもっている**からかもしれません。

こういったケースでは、**誰かに責任転嫁をする以外に自分を守る方法がないほど、追いつめられている**こともよくあります。また、**自分の苦しさをわかってもらいたい**という気持ちから、他者を責めること

家庭では、こんな責任転嫁の光景がよくみられる
何もしないで、みんな私のせいにして何よ!
勉強ができないのはお前のせいだ

もあります。

アプローチの方法

相談を受けて親身に話を聴いているのに、「あなたのせいで、もっとひどくなった」と相手から責められたとしたら、それをあなたはどう受け止めるでしょうか？

自分に非があると思えるときは、その非難の言葉を受け入れることができるかもしれません。しかし、非難される覚えがまったくない場合は、「本当は自分が悪いとわかっているんじゃないの」と、相手に腹が立ってしかたがないでしょう。

「自分のことをわかっていない」「無責任すぎる」「理不尽なことを言う困った人だ」などと、逆に相手を非難したくもなります。非難したい気持ちをグッとこらえたとしても、相手の誤解は解いておきたいと考えてしまうものです。

しかし意見を言ったり、まちがいを訂正しようとしたりすると、相手は自分をわかってくれないあなたに腹を立てて、ますますあなたを責め立てる可能性があります。こんなときは、**相手の気が済むまで相手に話をさせてあげる**ようにします。すると、話をしているうちに、自ら自分のまちがいに気づくこともよくあります。

あなたにではなく、上司や同僚、配偶者や配偶者の親など、誰かほかの人に責任をなすりつけようとする場合も同様です。

話し手は現実を受け入れる勇気をもつことができずに逃げているのですが、そのことを指摘されると、相手は逃げ場を失ってしまいます。

こんなときは相手の話をよく聴き、ありのままの姿を受け止め、**どんなときも味方になることを示しながら、その人が現実と向き合う力をつけられる**ように支援していきましょう。

いつも誰かの意見を求める人への対応

他人の意見に頼り自分の意見をもたない人は、ときにはわざと失敗して、手助けしてもらおうとすることもあります。

心の動き

何かにつけて「どうすればいいですか?」と他人《ひと》に意見を求める人や、「○○したんですが、大丈夫でしょうか?」と確認したがる人がいます。このタイプの人は自己主張をしないので、**出しゃばらず従順な印象を受けますが、うまくいかないとアドバイスした人に責任をなすりつけようとします。**

それは、自分で責任を引き受けることに恐れを感じていて、責任をとらなければならない状況から逃がれようとしているからです。

こういった心理は、親から必要以上の干渉を受けて育てられた人に多くみられます。過干渉な親は寂しさや依存心から、子どもを自分に依存するように仕向けます。自立するように口では言っていても、内心では子どもの自立を恐れているため、子どもに

過干渉な親は、うまくいくとほめ言葉や品物など、過剰な褒美《ほうび》を与えるため、子どもは評価に過敏になる

つきまとってなにくれとなく面倒をみます。こうして育てられた子どもは、**他者からの愛情や支持を得られなくなることへの不安が強くなり、誰かの助けがないと何もできなくなって、他者の意見に従おうとする**のです。

↓依存的な思考パターンをもつ子ども

そのため困難に直面したときに、どう対処すれば切り抜けられるかと考えるのではなく、**誰かに助けてもらうためにはどうすればいいかと考える、依存的な思考パターンをもつようになります。**

アプローチの方法

依存的な思考パターンのある人から相談を受けたときは、**解決策は示さず、できるだけ一緒に考える**ようにします。それでも本人が解決策を見つけられない場合は、**いくつかの選択肢を提案して最終決定は本人にしてもらう**ようにしましょう。

また、**適切な距離をおいて話し手を受容し、自立することに対する支持的なはげましを続けて、**少しずつ依存状態から抜け出すことができるようにしていきます。

ただ急かしすぎると、話し手は見捨てられような不安を感じてしまうため、十分に注意します。

ホンネをしゃべれない人への対応

本心を隠してしまう人は、人間関係が深まらず孤立しがちです。すると、人間関係のトラブルに巻き込まれることも多くなります。

心の動き

家族や親しい友人には話したいことを話すことができるのに、面識がない人やあまり親密でない人がいると、まったくしゃべれなくなってしまう人がいます。また、関心のある話題についてはよくしゃべるのに、自分の考えや気持ちを表現しなければならなくなると、口を閉ざしてしまう人もいます。

このように、場面によって表現がうまくできなかったり、得意不得意に大きな差がでたりするのは、生育環境が影響している可能性があります。

周囲に子どもがいない大人ばかりのなかで育った人や、自己表現をする場が少ないなかで育った人によくみられます。また、**自分の本心を語ることに対する強い不安感や、自己開示することへの強い抵抗感によること**もあります。こういった人は、自分が他者からどう思われるのかが気になって、本心を話すことができなくなってしまうのです。

他者の評価が気になるのは、自分に自信がないからです。自分に自信がないと、他者の評価で自分の価値を感じようとします。そのため、誰からも「いい人」に見られようとして、自分の意志に反することを押しつけられても断ることができず、偽りの自分を装ってその場を取り繕おうとします。

しかし**そんなふうに偽りの自分を演じても、自信がつくわけではありません。**そのため、**他者の評価を知ることが恐ろしく、いつまでも本心を話すことができないままになってしまう**のです。

アプローチの方法

本心を語ることに強い不安感を抱いている人は自分を装うことに疲れ、ときにはぶっきらぼうにふるまってみたり投げやりな表現をしたりします。しかし、その表現の仕方を正そうとすると、二度と本当の自分を出さなくなってしまうこともあります。

本心を語ることができない人には、**本人が安心して話ができる人間関係を、根気よく築きあげる**ことが大切です。

話し手のコミュニケーションのとり方や、自己表現の特徴をよく観察してみて、自己表現に慣れていないことが原因だと考えられる場合は、あなたが自己表現のお手本となるようにしましょう。それによって、**欠点も含めて自分を受け入れ、率直に自分を表現するのはとても自然なことだと相手に伝わる**ようになります。

攻撃的な言葉を発する人への対応

言葉が乱暴な人に対応するのは、誰でもイヤなものです。でも、攻撃的になる心理がわかると、かかわり方も変化するはずです。

心の動き

自分の気持ちを表現するのが苦手だったり、怒りや悲しみなどの感情をコントロールできなかったりする人は、他人とのコミュニケーションがうまくいかず、自分に対しても相手に対してもいらだちを感じています。

また、自分は誰にも受け止めてもらえないという不満が続くと、不安や緊張が高くなり、気持ちとはまったく逆の感情が表出することもあります。

こうして、自分の気持ちを他人にうまく伝えることができないという経験を繰り返していると、しだいに孤立し自己肯定感が低くなって、自己嫌悪が募っていきます。すると、**そんな自分を見られたくない、自分を守りたいという防衛心が働き、攻撃的な言葉や行動でしか、自分をあらわすことができなくなってしまう**のです。

アプローチの方法

まずは、攻撃的な言葉や行動の源泉となっている相手の心をよく知ることが大切です。その人が置かれている状況や特性についても把握しましょう。

攻撃的な言動は、わかってもらいたいという気持ちのあらわれであることが多く、あなたが自分のことをどう思っているかということに、とても敏感です。そのため、あなたの気持ちを探ろうと関心のないそぶりをしてみたり、試し行動をとってあなたの様子を観察してみたりするのです。

覚えているよ！
絶対に仕返ししてやるからな！
忘れないでくれよ
オレは弱虫じゃないんだ

攻撃的な言葉を発する人は、相手にではなく自分自身に怒りを感じていることもある。

おまけに、**他者に対する評価を良いか悪いかの二分化思考（P162参照）で考えるクセがあります。**このタイプの人は、出来事により態度が大きく変化するため、相手の態度に振りまわされることのないよう、十分に注意が必要です。**他者とかかわることに強い緊張を感じている**ことから、会話が成り立たないようなこともあります。**焦《あせ》らず、時間をかけて関係を築いていきましょう。**また、攻撃的な言葉や態度は生まれもった性格によるものだと、本人が勘違いしていることもあります。

いずれの場合も、攻撃的な言動に対して「本当は優しいのにね」などといった言葉をかけると、「相手に弱みを見透かされた」と受け取られてしまう可能性があるので注意します。

こんなときこそ、傾聴の基本を思い出しましょう。高飛車《たかびしゃ》な言葉であれ、荒々しい言葉であれ、不機嫌な言葉であれ、それらの言葉に**一心に耳を傾け、その人の世界をあたかも自分のことのように感じ取り、共感する**ことが重要です。

他者から理解され心の充足が得られると、話し手は自らの攻撃性について内省するようになり、その言動の底にある悲しみやいらだち、不安に気づき、攻撃的な言動は弱まっていくものなのです。

白黒をはっきりつけたがる人への対応

完全無欠の人間なんているわけはありません。しかし、完璧であることを求めてしまう人は、たくさんいます。

心の動き

物事を白か黒かとはっきりさせたがる人は、**すべてのことを成功か失敗か、完全か不完全かの二つに分けて考える二分化思考に陥っています。**

すると、仕事でちょっとミスしただけで、自分をダメ人間だと思い込んでしまいます。「△△はできなかったけど、○○はできた」と柔軟に考えることができず、小さな一つの失敗で、すべてが台無しになったと思い込んで失望してしまうのです。

こういった人は、**曖昧《あいまい》なことへの怯《おび》えがある**と考えられます。曖昧という感覚は、とらえどころのない状態によって生じる場合と、いろいろな意味が存在している多義性によって生じる場合とがあります。

二分化思考のクセのある人は、前者のとらえどころのない曖昧さに不安を感じている人がほとんどで、曖昧なことをそのままにしておくことができないのです。さらに悪いことに、このような不安を抱えている人の話を繰り返し聴いているうちに、**聴き手はいつしか曖昧さに耐えられない状態、いいかえると、ほどほどにしておくことができない状態に巻き込まれていくことがあります。**

なぜなら**二分化思考に陥っている人は、他者に対しても完璧であることを求める**からです。そんな話し手の期待に応えようとするうちに、聴き手も完璧なものがあるという錯覚に陥ってしまい、話し手は完璧なものが存在するという錯覚からますます抜け出せなくなってしまうのです。

アプローチの方法

明確にできることを明確にして整理しようとすることは、悪いことではありません。しかしその気持ちが、明確にできないことや、しなくていいことにまで及んでしまうと、明確にならないことにいらだちを覚え、疲れきってしまうことになります。

しかし、世の中に完璧なものなどないということを気づかせようとすると、話し手はかえって不安になり、曖昧なことから目を背《そむ》けようとするようになります。話し手に二分化思考のクセがあると気づいたら、**できるだけ比喩《ひゆ》やたとえ話などをもち出して、曖昧な表現を使うようにします。**

曖昧なことへの強い不安がある人に、曖昧な表現を使うことには、矛盾を感じるかもしれません。しかし比喩やたとえ話をすることによって、物事はいろいろなとらえ方ができ、いろいろな意味が含まれていることを示すことができます。また曖昧なことは悪い面ばかりでなく、良い面もあることに気づくきっかけになるかもしれません。

とらえどころのない曖昧なものは曖昧のままにしておいてもかまわないと感じてもらうことが大切なのです。

同じ話を繰り返す高齢者への対応

高齢者の多くは、何度も繰り返し同じ話をします。仕方がないと思ってはいても、わかっている話を繰り返し聴くのはつらいものです。

心の動き

高齢者は多くの出来事に出合い、数々の体験を重ねて今を生きています。同時に、その過去の出来事や体験には、たくさんの喜びや悲しみ、楽しさ、つらさが織り込まれています。

何かをきっかけにして、過去の懐かしい出来事が呼び戻されるのは、ごく自然なことです。きっかけとなるのは喜びや悲しみといった感情であることもあれば、四季を彩《いろど》る独特のにおいであることもあります。あどけない孫の姿を見て、息子の子どものころを思い出すこともあるでしょう。

しかし、こうして思い出されるのは、多くの体験のなかのごく一部です。なかでも、その人がこだわりをもっている出来事は、繰り返し何度も記憶によみがえってきます。それはつらく苦しい体験であることもあれば、自慢したくなるような出来事であることもあります。

同じ話を繰り返すのは、その自分のこだわりを誰かに共有してもらいたいからです。そこには、**自分を語ることで、他者に理解されたい、認められたいという自己承認欲求が働いています。**

アプローチの方法

同じ話を何度も繰り返し聴くには忍耐が必要で、疲れていたりすると、つい「その話はもう聴きましたよ」などと言って突き放したくなります。イライラしてきつい言葉を浴びせたくなる気持ちを抑えるために、無視してしまうこともあるでしょう。

しかし気持ちをわかってもらいたくて話しているのに、それを無視されれば、話し手には悲しみや不安、ときには恨みといった感情が残ってしまいます。

また、「○○となったんですよね」と話の先回りをして、知っていることを話し手に伝えようとする聴き手もいるでしょう。しかし、自分の体験を聴き手に覚えてもらいたくて、同じ話を繰り返しているわけではないので、「知っている」ことを伝えても意味はありません。

同じ話であっても、話し手が訴えようとしていることにきちんと耳を傾け、繰り返したくなる気持ちを受け止めましょう。

傾聴されることによって、話し手は自分の存在価値を確かめ、生きてきた意味を感じ取ることができるのです。こんな場面こそ、話を聴くだけで人の役に立つことができる貴重な機会だといえます。

かつての楽しかった思い出話をしているときは、幸せな気分に浸ることができる
うちの実家は、代々続いた商家でね。奉公人が10人くらいいて・・・

体の痛みを訴える人への対応

体の痛みは本人にしかわからないもので、痛みを訴えられても原因が特定できない場合は実体が把握できず、対応に困るものです。

心の動き

体のどこかが痛いという訴えは、原因がわからないと、つい「本当に痛いの？」と疑いのまなざしを向けてしまいがちです。

しかし、痛みは身体的な要因によるとはかぎらず、心理的なものによることもあります。とくに**慢性的に痛みを訴える場合は、心理的要因が影響することが多い**といわれています。

痛みに関与する心理的な要因として、まずあげられるのが、暗示や注意の集中、予期不安などの単純な心理的メカニズムによるものです。

保護や援助を受けたいという**依存欲求が痛みの原因となる**こともあります。**敵意や攻撃衝動の抑圧、**

背中も腰も痛い！
気のせいじゃないの
痛みは主観的なものなので、その人が表現するとおりに受け止めましょう

罪悪感、同一視、疾病への逃避などによって痛みを感じることもあります。不安や緊張状態が強いときには、痛みを感じやすくなります。

また、**体の痛みがうつのサインである**こともあります。うつによるものは、首や肩の痛みやしびれ、頭痛などの訴えが多くみられます。

アプローチの方法

心理的要因による体の痛みは、どこにどれくらいのダメージがあるのかをなかなか把握することができません。そのため、「痛いと言っているけど、きっと気のせいにちがいない」と考えてしまいがちです。

しかし**痛みとはそもそも主観的なもの**ですから、虚偽の訴えをしようという意図がないかぎり、**本人が「痛い」と言えば痛いのであって、すべてが本物の痛みです。**

欲求は無意識に働くものですから、たとえ依存欲求による痛みであっても、その人が表現するとおりの痛みは存在するため、きちんと対応しなければなりません。

体の痛みが疾病によるものではないことが明らかな場合は、**相手の悩みによく耳を傾けるだけで改善される**ことがあります。

心理的要因によって体に痛みを感じる人は、他《ひ》人《と》との間に生じる摩擦に悩み、その気持ちを隠したまま社会に適応しようと頑張って、心をすり減らし、不安や緊張を溜《た》め込んでいます。あなたが話し手をあるがままに受け止めて話を聴けば、話し手は自分を守る必要がなくなり、ネガティブな感情も安心して話すことができるようになります。すると心の緊張が解け、体の痛みも薄らいでいくのです。

ただし身体的要因であれ心理的要因であれ、**体の痛みの原因として疾病が疑われるときは、専門家の診断を受けるように勧めます。**

うつ状態の人への対応

うつ病は誰でもかかる可能性のある身近な病ですが、医師の診断が下りても、その行動は周囲の人にはなかなか理解しがたいものです。

心の動き

誰でもイヤなことがあったときに、気が滅入って何もする気になれないことはあるものです。しかし、その原因となっていた問題が解決したり、別の楽しいことで気晴らしができたりすれば、自然に活力がわいてきます。このような一時的な気分の落ち込みであれば、うつ病ではありません。

ほとんど毎日にわたり二週間以上、何の意欲もわかない状態が続くのが、うつ病のうつ状態です。

うつ病発症のメカニズムはまだはっきりわかっていませんが、精神的疲労や肉体的疲労、もともとの性格や考え方の傾向などが複雑に絡み合って引き起こされると考えられています。

何に対しても関心がなくなり、それまで好きだったことも楽しくなくなり、何をするのも億劫《おっくう》で集中力は低下し、会社へ行っても仕事が手につかなくなったります。

うつ病は心だけでなく、先のページで紹介したように首や肩のこりのほか、**全身の倦怠感《けんたいかん》や食欲低下、体重減少、寝つきが悪くすぐに目が覚めるなど、体にも変化があらわれます。**

アプローチの方法

仕事や勉強に身が入らなくなった人を見て、多くの人は「周囲に甘えている」「やる気がない」「たるんでる」「心が弱い」などと判断しがちです。

しかし、うつ状態にある人の心の中は、悲哀感、無力感、絶望感でいっぱいです。心のエネルギーをほぼ使い果たし、わずかに残されたエネルギーでなんとか心を維持している状態なのです。

ですから、**聴き手はうつ病の人が最もエネルギーを消費せずに済むように接する**ことが大事です。無理に話を聴こうとせず、声をかけても何も話そうとしないときは「あなたを心配している」というメッセージを伝えて、会話を終えます。**心を奮《ふる》い立たせようとしてはげましの言葉をかけると、相手に多大なエネルギーの支出を要求することになる**ため、十分に注意しましょう。

どんなときも相手の考えを否定せず、「焦《あせ》るばかりでやる気が起きず苦しいんですね」と、ただ共感を示すようにします。話し手が自分の気持ちを表現することによって、**心の中に溜《た》まっている荷物を降ろす作業を手伝う**のです。

うつ病は初期と回復期に希《き》死《し》念慮《ねんりょ》（漠然と死を願う状態）が高まります。**相手との信頼関係ができていれば、自殺についての考えを率直に尋ねてみましょう**。自殺したいと思っている場合も、**その気持ちを否定はせず、「死にたいほどつらいんですね」と共感を示します**。そのうえで、実行するのを先延ばししてもらい、あなたにできる無理のないサポートを提供していきます。

適応障害のある人への対応

ある特定の状況が耐えがたく感じられ、気分や行動面に症状があらわれるものを適応障害といい、誰でもかかる可能性があります。

心の動き

適応障害の人は、ある状況下に置かれると強い不安感に襲われ、突然泣きだしたり、過剰に焦《あせ》ったり心配したり、神経が過敏になったりします。無断欠席をしたり、運転が乱暴になったり、物を壊したりといった行動がみられることもあります。

適応障害の原因はストレスです。同じストレスを受けても、ストレスに対する感じ方は人それぞれです。ですから、**受けたストレスがその人にとって処理しきれないほど大きく、正常の範囲を逸脱して抑うつ気分や不安が強くなり、日常生活を送ることができない状態**になると、適応障害と診断されます。

たとえば、仕事のストレスが原因の適応障害の場

イヤなことをイヤと言えない人は、適応障害になりやすい
これも頼むね
几帳面
努力家
真面目

合は、会社に行こうとすると憂うつになり、緊張して手が震えたり汗をかいたりといった症状を呈します。しかしストレスの原因から解放される休日になると、気分が楽になり趣味を楽しむ余裕ができたりするのが特徴です。この点がうつ病と異なるところで、うつ病は多くの場合、環境が変わっても憂うつな気分が持続し、何事にも興味がなくなったり、食欲の低下や睡眠障害がみられたりするのです。

アプローチの方法

適応障害は、真面目で責任感が強く、つい無理をしてしまう人、失敗を恐れる人、他人の評価を気にする人など、気づかないうちにストレスを溜《た》め込んでしまうタイプの人がかかりやすい心の病です。

適応障害の人に対して、**「何かあったの?」と尋ねてはいけません**。原因を問われて答えられる人であれば、適応障害になるほどのストレスを溜め込むことはないからです。原因がわかっていても、適応障害の人はそれを自分の責任だと感じているため、決して人に話そうとはしません。原因を問えば問うほど、相手を責めることになってしまいます。

また、**頑張って無理をした結果、適応障害になってしまったのですから、「頑張れ!」と声をかけるのも不適切です**。

適応障害の人は、原因となっているストレスがなくなればある程度元気になるため、自分の好きなことだけやってイヤなことはやらないわがままな人間だと誤解されることもしばしばあります。温かく見守り、本人が話したいと思ったときにいつでも相談できるような雰囲気をつくっておくことが大切です。

適応障害は、ストレスの原因を取り除くことで症状は改善します。原因を除去できないような場合には、心理カウンセリングなどを受けて、ストレスに対する適応力を高めることも有効な治療方法です。

アルコール依存者への対応

アルコール依存症は「対人関係の病」ともいわれ、本人はお酒を飲んでいないときも生きづらさを感じています。

心の動き

アルコール依存者は、程度の差はあれ、**親の愛情を十分に受け取ることができなかったために自己評価が低いという心の問題を抱えています。**

こういった人は、他者と共感する能力や一人でいる能力といった、**人間関係を構築するための基本的な力が十分に形成されず、その一方で、人への愛着を人一倍強くもっています。**

しかし人間関係に不器用なために、彼らの愛着欲求は常に充足されず、他者に対する恨みや深い寂しさを感じるようになります。こうした生きづらさを紛らすために飲酒し、一時的に満足感を得ようとするわけですが、アルコールには酩酊《めいてい》させて習慣化させる薬理《やくり》作用があるため、やめようと思ったときには、やめられなくなってしまっているのです。

さらに、**自分の意志でやめられないことに対する羞恥心《しゅうちしん》や良心の呵責《かしゃく》に苛《さいな》まれ、その罪悪感からますますアルコールへのめりこんでゆく**という悪循環に陥ります。

アプローチの方法

アルコール依存者は、自分が依存症であることを認めたがりません。「多少依存しているけど、軽いから大丈夫」「やめようと思えばいつでもやめられる」と楽観視していることもよくあります。

欲求に負けて飲酒すると、「仕事のつきあいがあるから、飲まないわけにはいかない」「気晴らしに酒は必要だ」と飲酒を正当化しようとします。

しかしアルコール依存から回復するには、**自ら問題を認めて断酒する以外に手はありません。**

アルコール依存は、飲酒を自分の意志でコントロールすることができないのですから、「たまに飲むくらい、いいだろう」「少しだから大丈夫」と、**量や回数を減らして脱却しようとするなど、どだい無理な話です。**最初は減らしたつもりでも、あっという間に元の量に戻ってしまいます。

しかも**断酒に期限はありません。**たとえ数年間、酒を断つことに成功したとしても、飲み始めればあっという間に元の飲み方に戻ってしまうところが、アルコール依存症の怖いところです。

本人や家族の力だけでやめようとしても、なかなかうまくいくものではありません。酔っていないときに、努力しても断酒できなかったことを、相手の気持ちに寄り添いながら振り返り、体を心配していることを伝えます。そして**専門の医療機関を受診し、断酒会などの自助グループに参加して、仲間と一緒に断酒に取り組むように勧めてみましょう。**

アルコール依存症は本人が認めたがらないため、「否認の病」とも呼ばれる
やめようと思えば、いつでもやめられるんだ！
酒
SAKE
BEER

治療を受けたがらない人への対応

病院嫌いの人は、いろいろな理由をつけて医者にかかるのを避けようとします。しかし、診断が遅れていいことは何一つありません。

心の動き

体調が悪くても、「仕事が忙しい」「他人に迷惑をかけたくない」などの理由をつけて、なかなか病院へ行きたがらない人がいます。

実際に仕事を休むと他人に迷惑をかけてしまうような職場環境に置かれていることもありますが、他人に迷惑をかけることを気にする責任感の強い人は、自分が倒れたらもっとまわりに迷惑をかけると考え、時間をつくって受診しようとするものです。

ですから、なかなか治療を受けようとしない原因を突きつめていくと、**医者に対して不信感をもっている**、あるいは**医者が怖くて逃げている**などといった理由が考えられます。

昨日、手術したばっかりなのに
ナースステーション
もう大丈夫だから、明日退院させてください
職場の人も迷惑よね〜
私がいないと、あのプロジェクトは失敗してしまう

前者の場合は、過去に「医者なんか信用できない」と思うような体験をしたことがあるか、テレビやラジオなどに流れてくる医療ミスのニュースを聞いて「医者を信用するとひどいめにあう」と思い込んでいるといったケースが考えられます。

後者の場合は、**病気そのものに対する恐怖があり、自分が病気であることを認めたくない**ために、病院で受診するのを拒否するのでしょう。幼児期に歯医者などで受けた**治療の痛みと恐怖がトラウマになっている**こともあります。このような場合、本人は治療に対する有効性は理解していますが、自分の病気に向き合うことを避けようとするのです。

アプローチの方法

医者に対して不信感をもっていて治療を受けたがらない人には、**多くの医療機関のなかから選ぶ権利は受診する人自身が握っている**ことを説明し安心してもらい、信頼に値する自分に合った医者を探して受診するように勧めます。

治療に対する恐怖から病院に行きたがらない人には、**病気の診断を受けても、検査や治療は本人の同意を得ずに行われることはない**ことを説明します。わからないことがあれば医師に質問して、わかるまで説明してもらい、納得できなければその場で決めず、いったん家にもち帰って考えてから結論を出しても大丈夫であることを伝えましょう。

また、治療が十分でないのに退院したがる入院患者もいます。この場合は、**早く社会復帰して後《おく》れを取り戻したいという焦《あせ》りが動機となっている**ことがほとんどです。

こういった人には、**よく話を聴いて焦る気持ちを汲み取ったうえで、早期退院により起こりうる結果について、自分自身で考える機会を提供する**と、入院治療を続ける同意を得やすくなります。

なかなか退院したがらない入院患者への対応

病院嫌いの人がいる一方で、病院が大好きで、自宅復帰できる状態に回復しても、病院から退院したがらない人もいます。

心の動き

体が回復しても病院から退院したがらない人は、家に帰っても独りぼっちで寂しいだけという一人暮らしの高齢者に多くみられます。

病院に入院していれば、体調が悪くなればすぐに手当てをしてもらえ、おしゃべりする相手もたくさんいます。そのため独居の高齢者にとって、病院は安心して過ごせる憩《いこ》いの場となっていることもあるのです。

とくに入院して健康に自信をなくしてしまった一人暮らしの高齢者は、**疾患への不安が日常生活への不安に結びつき、家という生活の場に戻ることに強い抵抗感をもつ**傾向があります。それは食事や入浴、薬をどうすればいいのかなど、**退院後の生活に対する漠然とした不安が頭をもたげてくる**からです。

そのため、退院日が近づいてくると、**疾病や社会復帰することへの不安が増幅して、精神的に不安定になってしまいます。**

アプローチの方法

退院不安を抱える話し手には、その心もとない気持ちに寄り添いながら、それぞれに解決法を探し、必要な手を打つことが求められます。

疾患や健康に対する不安が強い人には、服薬の管理方法、ケアについての正しい知識や対処方法を細かく指導するようにします。また近所づきあいや友人が少なく、寂しい生活に戻ることに抵抗を感じている高齢者には、必要に応じてデイサービスなどの介護サービスや生活支援サービスなどを利用できるように、地域のソーシャルワーカーにつないでいきましょう。

一方、家族が退院不安を抱えている場合は、家族の介護力を視野に入れて、介護負担を軽減する方法を話し合い、介護者がリフレッシュしたりストレスを発散したりする機会などを提供して、介護意識を高める取り組みをしていきます。

こうして、**退院不安をできるだけ取り除いたうえで、治療の必要がなくなった人は病院に入院していることはできないということを、**理解してもらうようにします。

もう大丈夫！
退院できますよ
えっ私を
見捨てるんですか！

退院を控えた高齢女性は、とくに退院不安に駆《か》られやすい

ただ、自宅療養がベストの方法というわけではなく、医療依存度が高く家では十分な介護が受けられないなど、人によっては施設に入所したほうがいいケースもあります。そんなときは施設入所のための支援が必要になります。

しかし、本心では自宅療養を望んでいるのに、自宅生活に不安があって二の足を踏んでいるような場合には、不安材料を一つずつ消していき、本人の希望がかなえられるように手を尽くします。

眠れないと訴える人への対応

眠れないことに悩まされている人は、成人の五人に一人と推計されています。不眠症はまさに国民の病ともいえるのです。

心の動き

不眠症はずぼらな人にはあまりみられません。真面目で几《き》帳面《ちょうめん》な人、いいかえるとストレスを溜《た》め込みやすい人に多い訴えです。ふとんに入ってからも、気になることが頭の中から消えずあれこれ考え、交感神経を刺激して眠れなくなってしまうのです。

また激しく興奮すると、交感神経は強く働き、アドレナリンなどの神経伝達物質が過剰に作用し、闘争状態がなかなか治まらなくなります。昼間の興奮が夜まで続くこともあり、興奮しやすく怒りっぽい人は不眠にかかりやすくなります。

肉体的な疲労はよい睡眠をもたらしますが、精神的な疲労は睡眠の質を低下させるのです。

アプローチの方法

不眠症には、ふとんに入ってもなかなか寝つくことができない入眠障害、眠ってもすぐに目が覚めてしまう中途覚醒、たっぷり寝ているのに疲れがとれない熟眠障害、早朝に目を覚ましその後眠ることができない早朝覚醒の四つの症状があります。

症状を把握したら、その人の睡眠環境や睡眠習慣について話を聴いていきます。

コーヒーやお茶などカフェインが入った飲み物が睡眠を妨げることはよく知られていますが、**アルコールも不眠の原因となる**ことがあります。

アルコールには、飲むと眠くなる入眠作用があり、深い眠りをもたらしますが、これは一時的なものです。夢を見るレム睡眠が減り、睡眠の後半には眠りが浅くなり、睡眠の質にゆがみが生じます。しかもアルコールの睡眠作用は、飲酒を一週間ほど続けるだけで効果がなくなり、睡眠時間は短縮していきます。この時点で飲酒をやめると、飲酒開始前よりも寝つきは悪く睡眠は浅くなってしまいます。飲酒で同じ睡眠作用を得るには、徐々にアルコールの量を増やすしかなく、アルコール依存症になってしまう人も多いため、十分に注意が必要です。

「眠れなければ眠くなるまで起きていればいい」と言う人もいます。確かに、睡眠不足が続いて疲労が限界に達すれば眠れる日もでてきます。しかし、**こうしてとった睡眠では心身の疲労を回復することはできないため、問題の解決にはなりません。**

長い昼寝や昼間の活動の少なさが、夜の睡眠に影響していることもあります。また、**ふとんの中で本を読んだりテレビを観たりするのも、不眠の原因になります。**

騒音や身体症状など、不眠につながる要因を探り、一つずつ取り除いていきましょう。

また、長期にわたる心理的な問題が原因で不眠が引き起こされた場合は、心理カウンセリングが必要になることもあります。

睡眠の最大の敵はストレス
約束の時間
今月の売り上げ
打ち合わせの資料

甘えが強い人への対応

対人援助の仕事は支援方法をまちがえると、相手の甘えを強くし、依存傾向を引き出してしまう可能性があります。

心の動き

対人援助サービスの利用者は、多かれ少なかれ他者への依存を必要としています。ですから、対人援助サービスは、依存心がまったくなければ成立しないものといえます。こうして突きつめていくと、対人援助はサービスを提供することによって、利用者の依存的傾向を助長する可能性を秘めていることがわかります。しかし**依存が強くなるか否かは、援助者の力量によって変わる**ものです。

そのことに目を向けず、私たちは利用者の欲求が提供者側のサービス水準を超えると、利用者に「依存的」というレッテルを貼り、利用者のニーズを拒絶してしまうことがよくあります。

アプローチの方法

大きな問題を抱え、多くの手助けをしなければならない人であっても、本人が自律性をもって自己の問題に立ち向かおうとしているかぎり、援助者は手助けすることを当たり前のこととして受け止めることができます。

一方、提供するサービス量は少なくても、自分をあてにし、手助けされるのが当然という態度を示す人には、援助者はその依存的な態度にうんざりしてしまうものです。

しかし、**利用者が依存的になるのは、あなたの支援方法に問題がある**可能性があります。

たとえば、個別のニーズや生活リズムを無視して、提供する援助を受けるように強制した場合、援助する側に強制している意識はなくとも、利用者がほかに選択の余地がないと感じたとしたら、サービスを強制しているのと同じです。

このような一方的な援助を受けつづけていると、**利用者は自尊心を奪われ生活感覚も失って、提供されるサービスの中で暮らすようになり、依存傾向を強めてしまう**のです。

これを防ぐためには、援助者は**利用者に対し礼節を尽くし、利用者のニーズを的確につかむ努力をしなければなりません**。そして、どんなときも利用者を肯定的に受け止め、できるだけ利用者の成功体験をうながすように心がけます。

自律心がある人には、支援の手を差し出しやすい
悪いね、台所まで運んでもらえたら、あとは自分でやれるから
大丈夫ですか

依存心がある人に手を差し述べるのは、抵抗を感じる
家に帰ったら、掃除と、それから洗濯も頼むよ！
自分でできることくらい自分でやれよ

サービスを拒む人への対応

ゴミだらけの不衛生な家の中で暮らしているなどの通報が近所からあって訪ねても、相手はサービスを拒否することがあります。

心の動き

一般の利用者であれば、利用者側も援助者に慣れるように努力してくれるものです。しかし**サービスを拒否する利用者は、援助者を受け入れるつもりはなく、干渉されることを嫌います**。こうして必要だと思っているサービスを拒まれると、援助者はついサービスを受けるよう説得しようとしたり、同意を得ようと試みたりしてしまいがちです。

サービスを拒否している相手に、「お手伝いできることはありませんか?」「不自由していらっしゃるのではないかと思って」などと尋ねると、相手は「サービスを押しつけに来た」と、さらに身構えてしまいます。それは、どんなにやわらかい言い方であってもサービスを受けるよう迫ることになり、「自立できないことを認めなさい」というメッセージを送ることになるからです。

そのため、**相手は自尊心を傷つけられ、ますます強く拒絶するようになる**のです。

アプローチの方法

サービスを拒む人に対応する際、援助者に求められるのは、**接する相手に合わせた自己表現力**です。静かな雰囲気を好みそうな相手にはおだやかに、明るい雰囲気が好きそうであれば陽気に話しかけます。ときには、冗談を交えた楽しい会話ができると、さらに受け入れてもらいやすくなります。

サービスを拒む人は、利用を勧めるあなたに対して強い拒否感を示しますが、会っている間に、相手が自分に抱いた印象を敏感に察知して、**相手の気に入るように、いかに自分の印象をコントロールできる**かが、相手との良好な関係をつくるポイントとなります。その際、**強引な印象を与えないように配慮する**ことも忘れてはなりません。

訪問したときに「何をしに来た」と怒鳴られたとしても、「話をするだけでもダメですか？」と尋ねて、まずは**相手の意志を尊重する姿勢**を伝えましょう。こうして**相手の許しを得て、そこから少しずつ許しの範囲を拡大していきます**。

最初の訪問で拒否されたときも、ていねいに挨拶をして辞去《じきょ》し、二〜三日あけて繰り返し訪問します。こうして話をすることを受け入れてくれるようになったら、世間話や相手が興味をもちそうな話をして少しずつ信頼関係を築き、折を見てサービスを受けるようにうながしてみるようにします。

遠回しであっても、結果的にサービスを勧めることになる表現は、サービスを拒む人の自尊心を傷つける
何しに来た！
わしをバカにするな、帰れ～！
困っていらっしゃるのではないかと思って・・・

子育てに自信をなくした親への対応

子どもの行動や気持ちが理解できなくなると、親は自分の子育ての方法に自信をなくしてしまうことがよくあります。

心の動き

　完璧とはいえないまでも、精いっぱい愛情をかけて育てた子どもが、不登校や万引き、暴力などの問題行動を起こすと、親はどうしていいかわからず、ちょっとしたパニック状態に陥ります。

　その結果、つれあいのせいにしてみたり、おじいちゃんやおばあちゃんのせいにしてみたりと、まわりの人間に責任を押しつけてしまったりします。本を読むとか、相談機関に出かけてみるとか、手当たり次第に思いつく方法を試してみる人もいます。

　このようなパニック状態から脱すると、今度は**自分自身を責めるようになり、子育てに自信をなくしてしまう**ことが多いのです。

えっ
おたくの息子さんがなぐったのよ
まさか、うちの子が・・・
おじいちゃんが甘やかすから

子どもが問題行動を起こすとパニック状態に陥り、他人に責任をなすりつける親も多いまた、子どもが問題行動を起こしたわけではなくても、子どもの行動や気持ちが理解できずに悩み、迷宮に入り込んでしまう人もいます。

真面目できちんとした性格の人ほど、子育てに自信をなくしてしまう傾向があります。こういったタイプの人は、自らに高いハードルを課し、人一倍努力して、目標を達成しようとします。ところが**子育ては、努力と比例する関係にはありません。**努力すればするほど、一生懸命になればなるほど、自分が思い描いたようには子どもは育たず、しかも子どもの心が、親である自分からどんどん離れていくように感じることさえあります。

こうなると、ますます子どものことが頭を離れなくなり、考えれば考えるほど不安が膨らんできます。すると、**子どもを信じられず、子どものやることについ口を出してしまいます。そんな親を子どもは疎《うと》ましく感じ、ますます悪循環にはまっていく**のです。

アプローチの方法

子育てには正解というものがなく、**試行錯誤しながら手探りで子どもと向き合う方法を見つけていくしかありません。そのため、何らかの壁にぶつかると、誰でも不安になる**ものです。

子育てに一生懸命になりすぎて空回りしてしまっている人には、かつてその人が子どもだったころを思い出してもらいましょう。親の言うことをいつもよくきき、親の思いどおりの人生を生きた人は、ほとんどいないはずです。親に反発しながらも、親の愛情を求め、親が守ってくれるように願っていたことを思い出してもらえれば、子育てに対する考え方にも変化があらわれるようになります。

しかし**自責の念が強い人には、一人で抱え込まないように、心理カウンセラーなどの専門家を紹介する**などの対応を考えましょう。

クレームを言う保護者への対応

モンスターペアレントという呼び方は下火になりつつありますが、学校や教師に理不尽な要求を突きつけてくる保護者はあとを絶ちません。

心の動き

外に向けて強く攻撃する人は、自分自身に対しても攻撃している人が多いものです。

たとえば、自分の子どもが近所の子どもをいじめて帰ってくると、「どうしてこんな子どもになってしまったのだろう」「育て方が間違っていたのだろうか」と自分を強く責め、ストレスを募《つの》らせてしまいます。そこに、仕事上のトラブルや夫婦間のいざこざ、嫁姑問題などが重なると、怒りのほこさきを本来向けるべき相手にではなく、学校や教師に向けたりするのです。

こういった保護者は、会社や家庭内では解決することができなかったり、上司や夫など**腹を立てている相手に直接怒りをぶつけられなかったりするために、子どもの問題にすり替えて、学校や教師を批判して、ストレスを発散しよう**とします。

不満の原因は一つではなく、いろいろな問題が蓄積した結果であることが多く、訴えは論理性に欠ける理不尽なものであることが多いのです。

アプローチの方法

理不尽な要求を突きつけるような保護者には、被害者意識が強く、感情に支配され、自分の立場を認識できないタイプの人が多くを占めます。そのため、**最初に保護者の話に反論すると、関係は一気に悪化し、解決の糸口をなくしてしまいます。**

まずは、**相手の訴えにしっかり耳を傾け、事実関**

係を把握するとともに、保護者のつらい気持ちを受け止めることが大切です。

また、よく話を聴いてみると苦情ではなく、相談だったり提案だったりすることもあります。しかし話を聴く側に「面倒なことに巻き込まれたくない」

給食に出るのは、
うちの子が食べら
れないものばかり。
給食費なんて
払えないわよ
モンスター…
ペタッ
レッテルを貼るよ
り、本当は何をわ
かってほしいのか
を汲み取る

という先入観があると、保護者の言うことが無理な要求に聞こえてしまうことがあるのです。

苦情を受け付けたら、学校内で情報を共有し、方針を決めて、迅速に対応するようにします。

クレームの解決は、一定の信頼関係の下で進展していきます。苦情を受けた人間が報告を忘れ、対応が遅くなるようなことがあると、相手の心証を害することになるので、十分に気をつけましょう。

また、苦情や要求に対して不用意な発言をしたり、その場しのぎにできないことを請《う》け合《あ》ってしまうと、そのあとの対応が難しくなり、長期化してしまいます。対応がぶれないように、一貫した方針を貫くようにしましょう。もしも修正する必要がでたら、慎重に検討し、学校内で情報を共有します。

学校内だけではどうしても解決できそうもないときは、教育委員会や精神科医、警察など関係機関に相談して、アプローチの方法を考えます。

子どもを虐待する保護者への対応

児童虐待が深刻な問題となっています。比較的虐待が軽いケースで、保護者へのアプローチの方法を考えてみましょう。

心の動き

虐待が行われる家庭には、ひとり親家庭、経済的困難、親族・近隣等からの孤立、夫婦間不和、育児疲れ、就労の不安定、夫婦以外の家族との葛藤《かっとう》、育児に対する嫌悪感・拒否感情などの特徴があり、家庭として**何らかの機能不全が存在しています**。そのため、**保護者の心に子どもを受け止める余裕があまりありません**。

子育ては思うようにならないことの連続です。子どもが泣きやまない、ご飯をボロボロと食べこぼす、泥だらけになって帰ってくるなど、気持ちに余裕があれば「子どもだから仕方がない」と思えることも、すべてがいらだちの種になってしまいます。そうして、つい手が出てしまったり、無視したり、ときには育児放棄というかたちで虐待が行われることになるのです。

また**虐待をする保護者自身も、虐待を受けていたり、ひとり親家庭や不仲な両親のもとで育てられたりといった不遇な生育歴をもっている人が多い**のが特徴です。機能不全家庭で育った保護者は、アルコール依存の人と同様に、人間関係を構築するための基本的な能力が十分に発達していません。そのため、人に対する不信感が強く、物事を被害的に受け止めがちです。

さらに、虐待を受けた経験のある保護者は、親が行ってきた「暴力によって人を支配する」という感覚をそのまま取り入れ、自分の子どもを虐待することもよくあります。

アプローチの方法

虐待が起こる背景をよく知り、虐待に結びつく悪循環を断ち切るにはどうすればよいかという観点から話を聴くのが基本です。

虐待をしている保護者は、「しつけとしてやっている」と自分を正当化したり、「子どもをどうしようと親の勝手だ」と他人の関与を拒絶する人もいます。こういった場合には、親権を奪うために来たのではないことを伝え、話し合う関係をつくったうえで、児童相談所や市町村の役割、利用できるサービスなどについての理解を得るようにします。

しつけの度を超して虐待をしているという自覚があっても、その行為を自分自身でやめることができないのが虐待の特徴です。**虐待していることの嫌悪感から、虐待を繰り返す**こともよくあります。こういった場合は、親だから子どもを育てなければいけないという常識に振りまわされず、一時保護などのかたちをとって、子どもと離れて考える機会をつくることを提案してみるのも一つの方法です。

いずれにしても、**虐待に対し批判的な気持ちをもたず、無条件に肯定的関心を寄せる**ことが大切です。

子どもの養育放棄も虐待行為の１つで、ネグレクトと呼ばれる
これ食べとけ〜
ポテトチップス
お腹空いた、夕飯は？
グ〜

万引きを繰り返す子どもへの対応

コンビニなどの商店から店員の目を盗んで商品を持ち去る万引きは、刑法では窃盗罪にあたり、十年以下の懲役に処せられます。

心の動き

日本で行われる万引きのほとんどは、生活のために、必要に迫られて行われるものではありません。なかには、万引きを捕まえてみたら、その商品を買うだけの現金を所持していたということもあります。

ではお金はあるのに、なぜわざわざ万引きという犯罪に手を染めるのでしょうか?

万引きは、分別のある大人や高齢者でも犯すことのある犯罪で、精神的に追いつめられた状態に置かれると、誰でも引き起こす可能性があります。衝動的に犯罪へと走るのは、単純に**心の中のモヤモヤした感情を解消したい**とか、**ゲーム感覚でスリルや快感を求めて**といったことが動機になります。

なかには、万引きをしたあとに自分の過《あやま》ちを素直に認め、感情をコントロールすることができなかった自分に対し後悔の念を抱く子どももいますが、多くは万引きを繰り返します。

子どもの万引きは、**幼少期に親の愛情を十分に受け取ることができなかったために、親の愛情の代替品を社会からくすねる**といわれます。満たされない心を埋めてくれるものが欲しくて万引きするのですが、盗んだ品物が愛情のかわりになるわけはなく、心が満たされることはありません。そのため、**再び万引きを繰り返す**ことになります。

アプローチの方法

万引きをする子どもは、愛情に飢えているので、

あなたが関心をもっているということを十分に示すことが大切です。あなたが親であれば、関心をもっていることが伝わると、それだけで立ち直る子どももいます。心配する気持ちが怒りとなって子どもを叱《しか》る人がいますが、**叱ると逆効果になる**ことが多いので気をつけましょう。

……
これ、万引きしたの？
やったんでしょ
なんでこんなことしたの？
¥700
NOTE

子どもの話を聴かずに、万引きしたと決めつけて叱ると、子どもはますます愛情に対する飢えを感じる

　子どもが万引きをするようになるきっかけは、**夫婦関係など家庭内の人間関係にある**ことも多く、そういった場合は、ぎくしゃくした人間関係を改善することで、万引きが改善されることもあります。

　万引きは、自転車泥棒、オートバイ泥棒などとともに初発型非行と呼ばれます。この初発型非行のなかで最も多いのが万引きで、金額にすれば数百円単位の商品が対象であることも多く、軽微な犯罪ととらえられがちです。しかし**繰り返すと、しだいに規範意識がなくなり、より重大な非行へと発展していくことが多い**ため、十分に注意が必要です。

　万引きをしたことがはっきりしたときは、万引きした理由を尋ね、万引きがなぜいけないかをきちんと説明します。**決して感情的にならず、毅然《きぜん》とした態度で、子どもと向き合う**ことが大切です。

キレる子どもへの対応

キレる子どもは、言いたいことを言葉で言いあらわすことができず、そのストレスを暴力で発散していることがよくあります。

心の動き

キレる子どもの心の根っこにあるのは、強い不安感です。親から虐待されていたり、両親の仲が悪く家庭内で言い争いが絶えなかったりすると、子どもは不安で仕方ありません。また、高い理想を抱いた親から大きな期待をかけられている場合も、子どもはプレッシャーを感じ不安になります。

家庭内だけでなく学校生活でも、いじめにあったり、友だちから仲間はずれにされたりしたときなども、不安は強くなります。

こういった不安によって、精神的にダメージを受けている子どもは、心の安定を保つことが難しい状態にあります。**ちょっとしたトラブルで心の傷が刺激されると、怒りで頭の中がいっぱいになり、感情を爆発させてしまう**のです。

アプローチの方法

子どもが暴れると、多くの人は怒鳴ったり手をあげたりして、子どもの暴力を止めようとするでしょう。しかし頭に血が上っている子どもに怒鳴り声をあげれば、ますます子どもは逆上します。暴力で押さえつけようとするのも同じで、子どもは自分のことを棚にあげて、相手が悪いと責任をなすりつけるでしょう。

このようなことを何度か繰り返すと、周囲の人間は疲れ果てて、子どもを刺激しないように無視したり、子どもの言いなりになったりすることがあります。

そうなると事態はますます悪化し、子どもの要求はしだいにエスカレートして、解決の糸口を見失ってしまいます。

子どもの暴言・暴力に、怒りをぶつけても、屈しても、どちらも状況を悪化させることになります。子どもが怒りを爆発させている間も、**毅然《きぜん》とした態度を崩さず、落ち着いて子どもを見守る**ことが大切なのです。

不満が心の中に限界まで溜《た》まると、それまで理性で抑えられていた不満を制御できなくなり、突然、怒りを爆発させます
変身〜！

キレる子どもへの対応として唯一できることは、子どもに安心感・安全感を与えることです。

そのためには、**よく話を聴いて子どもが何に不安を感じているのか、その不安によってどれほど心細く、甘えたい感情を抑えなければならないかを感じ取る**ことです。すると、**そのことが支えになって、子どもはネガティブな感情がある自分に承認を与える**ことができるようになります。こうして、自分の居場所を確保できるようになると、心が安定するのです。

いじめにあっている子どもへの対応

学校でいじめられていても、子どもはそのことをなかなか言い出せないものです。まわりの人間がいじめのサインに気づくことが大切です。

心の動き

現代のいじめは暴力的なものだけでなく、仲間はずれにしたり、無視したり、ネットを使って悪口を流《る》布《ふ》したりと、陰湿で深刻になっています。

こういったいじめにあっていても、**本人はいじめを認めようとしない**ことがよくあります。

その理由は、**仕返しされるのが怖くてどうしていいかわからない**ということもあれば、**いじめられる自分の弱さを恥ずかしいと感じていて、それを人に知られたくない**ということもあります。家族がほかの大きな問題を抱えているようなときは、**家族に余計な心配をかけたくない**と、気をつかって話さないこともあります。

そこの角で転んだだけだよ
いじめられているの？
いじめられてるなんてカッコ悪くて言えないよ

また、**話すのがつらいから、話したくない**というケースもあります。つらいことは忘れてしまいたいのに、話せば傷口に塩を塗ることになるからです。

アプローチの方法

いじめとは、一定の人間関係のある者から、心理的・物理的な攻撃を受けたことにより、精神的な苦痛を感じていることをいいます。

本人がいじめられていることを認めようとしない場合も、次のような様子がみられたら、いじめを受けている可能性があります。

- 頭痛・腹痛・吐きけなどがたびたび起きる
- 一人でいることが多い
- 勉強に身が入らなくなった
- 気持ちがいつも沈んでいる、食欲がない
- 服装が汚れたり乱れたりしていることが多い
- 持ち物がなくなる　など

いじめのサインがみられたら、急かさず時間をかけてゆっくりと話を聴くようにします。すると、あるとき突然、いじめについて話し始めます。

そんなときに**「どうして今まで黙っていたの!?」と責めるようなことを言うと、子どもは孤立してしまいます**。勇気をもって話し始めたのですから、「誰にも言えずにつらかったね」と、まずはその気持ちを受け止めてあげることが大切です。

いじめがわかると、すぐにでも、いじめている子どもやその親に注意をうながしたくなります。しかし本人は、親や教師に言ったことがばれたら、陰でもっといじめられるのではないかと怖くて、これまで告白できなかったのかもしれません。**本人がどうしたいのかを聴き、解決策を子どもと一緒に考える**ようにしましょう。

また、家庭内だけで解決しようとせず、**学校と家庭が連携して対策にあたる**ことが重要です。

陰口を言う子どもへの対応

陰口を言われた子どもは精神的にダメージを受けます。しかし陰口を言う子どもも、何かしらの精神的なダメージを受けているのです。

心の動き

大人であっても子どもであっても、幸せで満ち足りた気分のときに、人を中傷することはあまりありません。陰口は、**対人関係で何らかの不満が溜《た》まったときに、そのストレスを発散させるために行われる行為**なのです。

イヤなことがあったときに、誰かにそのことを話すことでイヤな気持ちはやわらぐものです。

自信のある子どもは、些細《ささい》な意見のくい違いなど気にも留めませんが、**自信のない子どもは、ちょっとしたことに大きな不安を感じ、**イヤな気持ちになってしまいます。自分が悪いのではないか、自分が間違っているのではないかと感じて、自己嫌悪に陥りそうになるからです。そこで誰かに話して、同意してくれる友だちを味方につけ、自分は悪くないということを確認せずにはいられなくなるのです。

自信のない子どもは、劣等感に悩まされているため、自分が友だちよりも劣っていると感じると、**友だちの価値を下げて相対的な自己評価をあげようとする引き下げの心理が働きます。**

こうして**自信のなさに根づいている不安が、ねたみや攻撃に転化したとき、陰湿な誹謗中傷《ひぼうちゅうしょう》行為が生まれる**ことになります。

アプローチの方法

陰口を言う子どもを頭ごなしに叱《しか》りつけることは、不安な心をさらに不安にさせてしまうため、絶対に

不安
私は間違っていないよね
私が正しいよね
○○ちゃんてさぁ
ヒソヒソ
陰口に同調する子どもたちには、仲間はずれにされたくないという心理が働いています

避けなければなりません。しかも陰口を言うことを制止すると、その子どもはストレスを発散する術《すべ》をなくしてしまいます。たとえ陰口を言わなくなったとしても、物を隠す、笑い者にするなど、ほかの方法によって攻撃する可能性がでてきます。**陰口を言いたくなる心の根っこにある不安感を取り除く**ことが、根本的な解決策となります。

そのためには、どんなことに不安を感じているのか、劣等感を感じてしまうのか、その心の内をよく聴いてあげることが大切です。こうすることで、陰口を言いたくなった心の動きや、自分が抱えている不安を自覚できるようになります。自分の心に向き合えるようになったら、陰口は友だちからの信用を損なう行為であることを伝えましょう。

また、**いろいろな場面でその子の良い面をほめる**ようにします。**本人に自信がついてくれば、陰口は自然に減っていく**ものです。

学校へ行きたがらない子どもへの対応

不登校になる背景はさまざまですが、近年はいくつかの要因が重なって学校へ行けなくなる子どもの割合が増えています。

心の動き

不登校の原因として多いのは**情緒的混乱**です。漠然とした不安感や緊張感が強く、登校する時間になると腹痛や吐きけなど体の不調を訴えますが、病院で診察を受けても異常は見つけられないのが特徴です。何度も衣服を着替えたり、手を洗ったりといった強迫《きょうはく》症状がみられることもあります。

なかには、**無気力**による不登校もあります。特別な理由はなく、ただ億劫《おっくう》であったり面倒くさいから通学しないというもので、学校に行かなければいけないという規範意識が薄く、不登校に対する罪悪感や焦《あせ》りはみられません。そのため、一時登校しても、すぐに不登校に戻ってしまいます。

また、いじめや仲間はずれなどの対人トラブル、勉強についていけず授業が面白くない、教師との関係がうまくいかないといった**学校生活上の問題**も原因となります。学校生活や学習についていけない子どもたちが不良グループに加わって、繁華街に繰り出したり、喫煙や飲酒、けんかなどの**非行に走り、**不登校になることもよくあります。

これらさまざまな要因が重なって不登校になる例も少なくありません。

アプローチの方法

不登校の傾向がみられたら、**様子をみるのではなく、早期に適切な対応をとる**ことが大切です。

子どもとのふれあいの機会を増やし、話をよく聴

いじめなどが原因になっている場合は、登校を強要すると、子どもは「学校に行けない自分はダメ人間だ」と考えてしまうため、学校や専門家と連携して対応する

いて、置かれている状況を把握し、不登校の原因を探ります。子どもの状態や不登校の原因によっては、学校へ行くようにうながしてはいけないケースもあります。

学校と家庭が連携し、専門家を交えて、子どもの状態に合わせた対策を考えます。

登校をうながすことができない状態であっても、子どもとのかかわりをもとうとする姿勢を示しつづけることが大事です。不登校の子どもたちは、「そっとしておいてほしい」という気持ちと、「放っておかれるのは寂しい」という、思春期特有の相反する複雑な気持ちを抱いています。

子どもを追いつめないような方法で、気にかけていることを伝えつづけるようにしましょう。

子どもの話を聴いて、**つらいときには一緒に苦しみ、嬉しいときには一緒に喜ぶという温かい心の交流をもてるようにする**のも大切なことです。

ひきこもりの人への対応

ひきこもりとは、不登校や就労の失敗をきっかけに6か月以上自宅に閉じこもって外出しない状態のことをいいます。

心の動き

ひきこもりが発現しやすい思春期（十～十八歳くらい）のおもな発達課題には、両親（とくに母親）からの分離があります。

思春期前半には、親から心理的に距離をおき、同性の仲間との時間を大切にするようになります。この時期は仲間集団からの脱落を恐れ、集団に適応することに過剰に神経をとがらせます。そのため、**仲間集団から阻害されたり、なんらかのトラブルが生じたりすると、強い挫折感と恥の感覚を抱き、仲間や学校生活から逃げよう**とするのです。

思春期後半になると、信頼できる友人を求めると同時に、自己という感覚に過敏に反応するようになります。他者の視線や批判、さらには自己の独立性・自律性に対する不安に心が揺さぶられます。

しかし、「助けてほしい」という思いと「かまわないで」という相反する感情の葛藤《かっとう》があり、まわりの大人たちに適切な支援を求めることができません。そのため、この時期に**友人関係が破綻《はたん》すると、孤立感や無力感を募《つの》らせ、ひきこもりへと発展していきやすい**のです。この思春期心性は、十九歳以降の青年期においても、危機に陥ればすぐに頭をもたげてくるもので、ひきこもりについては共通のメカニズムが働くと考えられています。

アプローチの方法

思春期におけるひきこもりでは、子どもは学校に行っていないことに対する罪悪感をもっているため、中立的な質問であっても、非難されていると受け止めることがあります。まして説得や議論、叱咤《しった》激励《げきれい》といった一方的な働きかけをされると、子どもは不信感をあらわにし、ときには暴力によって対抗しようとすることもあります。

まずは、**ひきこもり状態をまるごと受容し、信頼関係を築くことから始めます**。

ひきこもりを受容することで、子どもはますます安心してひきこもりつづけてしまうのではないかと不安に感じる人もいるでしょう。しかし、ひきこもりに対する恥の感情が消えることはありません。

ひきこもりを批判せず、子どもと少しずつでも向き合い対話をしていくことが、問題解決への第一歩になります。教え導くような権威的な物言いではなく、相互に言葉を交わし、共感し、親密なおしゃべりができるようになると、子どもは安心感を得ることができるのです。

ただし、長期にわたるひきこもりは、**本人や家族の自助努力だけで解決することはまずありません。**教育機関、保健機関、児童福祉機関、医療機関などの専門機関による多面的な支援を必要とします。

無気力な学生への対応

ここでは、一般的な無気力ではなく、学業など一部のことに対する意欲減退が続くスチューデント・アパシーを取り上げます。

心の動き

スチューデント・アパシー（学生無気力症）は、学業や就職活動などに対する無気力・無関心・無感動が続き、生きがいや目標を見いだすことができない状態に陥ることをいいます。

一見すると、燃え尽き症候群やうつ病に似ていますが、学業以外のサークル活動やアルバイトなどには熱心なことも多く、**いわゆるひきこもりがみられない**点が異なります。また**不安や焦燥《しょうそう》、抑うつ、自責の念なども認められません。**

スチューデント・アパシーは、**自分がどういう存在かがわからないという自己不確実感があり、ストレス耐性が低い**学生に多くみられます。まじめで几《き》帳面《ちょうめん》な完全主義者に多く、ちょっとした挫折をきっかけに、すべてをあきらめ無気力状態に陥ってしまいます。

予期される敗北と屈辱から受けるダメージが大きなものに感じられ、その危険に対峙《たいじ》することができなくなり、将来の現実的な目標を失ってしまいます。厳しい現実に立ち向かう勇気がもてず、学業に対する無気力が顕著になっていくのです。

自分がやりたいことと実際にやっていること、自分が期待しているものと現実のギャップが大きいことが原因と考えられています。

アプローチの方法

無気力な学生を前にすると、自分の対応の仕方が甘いからいけないのではないかと考えがちです。

しかし無気力な学生に厳しく接し、力ずくでやる気を出させようとしても、心の溝を深くしてしまうだけです。

やる気を出せよ
叱《しか》っても、やる気は生まれない
NOTE
コン
ZZZ

スチューデント・アパシーがみられる学生は、**何者かに守られていないと精神的に安定することができない母性依存性や成熟拒否傾向がみられ、強制的に何かをさせようとすると、追いつめられて感情を爆発させる**こともあります。そのため、やる気を引き出そうとして、まわりの人間があれやこれやとお膳立てをすると、ますます状態は悪化して、悪循環にはまり込んでしまうのです。

気力を取り戻すには、**本人が自分のやりたいことを知り、自分の置かれている状態を知って、そのギャップを埋めることが重要なのですが、それを知る気力さえ失われている**こともよくあります。

本人からの訴えがあまりなく、周囲の人間はただ怠けているだけだと考えがちですが、**できるだけ初期の段階で気づき、悪循環に陥る前に専門家に相談する**ことが大切です。

有機溶剤を乱用する青少年への対応

シンナーなどの有機溶剤乱用者は、中学生や高校生、同年代の無職の少年など、思春期の青少年が中心となります。

心の動き

思春期の青少年は、**好奇心が旺盛で仲間意識が強く、大人社会への反発を感じる年代**といえますが、一方で社会的経験については未熟です。

有機溶剤は簡単に入手できるとはいえ、はじめから単独吸引をして依存的になる人はあまりいません。**興味本位と仲間はずれにされたくないという単純な動機から、集団で使用する**ようになる人がほとんどなのです。そして仲間意識を確認するために、集団で万引きや暴走行為などを起こすようになります。

しかしその多くは、これらの反社会的行為をすることに、個人感情では居心地の悪さを感じています。それでも率先してやってしまうのは、属する集団の

コンビニ
腹減ってたんだ。お前、気が利いてるな
かっぱらってきたぜ
スーッ
チョコ
シンナー

中で英雄視されるからです。

　こういった反社会的行動をともなうことから、有機溶剤乱用は非行や犯罪性に焦点があてられがちですが、**問題の本質は本人と家族との関係の中にあります。**思春期は多感な年齢であり、家族、なかでも親に対しては、自立と依存をめぐる強い葛藤《かっとう》を覚えます。その葛藤から生じるストレス発散のために、非行集団に刺激を求め、その集団の中で他人《ひと》から認められたいという承認欲求が満たされると、非行集団への帰属意識を高めてしまいます。

アプローチの方法

　有機溶剤は体や精神への影響が大きいことから、吸引していることに気づけば、やめさせようとするのは当然で、有機溶剤を探して捨てたり、叱《しか》ったりしてしまうものです。しかし、こういった対応は**もともと抱いている大人社会への反発を強め、ますます大人がいやがる有機溶剤乱用行為へと駆《か》り立てる**ことになります。

　親は子どもの問題行動に振りまわされて混乱状態に陥りますが、**問題は有機溶剤にあるのではなく家族にあり、その表現として薬物を乱用している**ということに気づくことが、解決への第一歩です。

　その本人の苦しみに思いを馳《は》せ、家族関係を修正していくことができれば、無理にやめさせようとしなくても、自然に有機溶剤からは遠ざかっていきます。しかし、不登校や不就労など有機溶剤にまつわる問題行動については、自分たちの考えをきちんと伝えたうえで、結論は本人に考えてもらうようにしましょう。**家族全員が歩調を合わせて、お互いの信頼関係を再構築していく**努力が求められます。

　性急に問題解決を図るのではなく、学校や精神保健福祉センター、専門の医療機関などとも連携し、社会参加をうながしていくことが大切です。

摂食障害のある人への対応

摂食障害は、拒食や過食あるいはそれにともなう自己嘔吐《おうと》や下剤の乱用などがみられるもので、発症は低年齢化しています。

心の動き

摂食障害になる人は、ストレスを処理する能力が低く、小さなストレスでもつらい状態に追い込まれてしまいます。また、白か黒かの二分化思考やすべき思考（P162参照）などの認知のゆがみがあり、まじめで負けず嫌いな人が多いのが特徴です。

これらの思考特性から、友人関係や家族関係、勉強などがうまくいかずストレスを抱えているときに、たまたまダイエットをしたり、体調を崩して食欲不振になると、拒食症に陥り、抜け出せなくなってしまうのです。それは、やせることで達成感を得たり、失敗をやせのせいにできるなど、やせが何らかのメリットをもたらすからだと考えられます。そのため、ストレスが緩和され、**やせていることがストレスへの防衛反応として働く**ようになるのです。

拒食症の人は、**がりがりにやせていても太っていると感じる身体像の誤認、体重が増えることに対する強い肥満恐怖があり**、やせていることを認めようとはしません。そしてある時期を越えると、体が飢《き》餓《が》状態に陥り食べ物のことが頭から離れなくなり、半分くらいの人は過食に移行します。それでもやせを維持しようと、自己嘔吐や下剤の乱用に走るのです。こうなると精神的にも影響がでるようになり、集中力の低下、不安の増強、強迫《きょうはく》性のこだわりなどがみられるようになります。

冷静なときには自分の食行動を異常だと感じていますが、自らやめることはできません。

アプローチの方法

摂食障害であることがわかって治療を受け始めても、まわりは心配でなんとか食事をさせようとします。しかし、**やせへのこだわりは病気の症状であり、もっと食べるようにという説得に意味はありません。**頭でわかっていても、できないことがあると理解しましょう。

やせていることを心配するよりも、大切なのは**本人のつらい気持ちを理解してあげる**ことです。もしも悩みを打ち明けてきたら、真剣に耳を傾けます。今の自分を支えてくれる人がいるという感覚が、治りたいという気持ちを育てます。

小さな変化を見逃さず、良い面を見つけてほめるようにすると、自信がつき、健康な自己愛を育てるのに役立ちます。

食事量や栄養、体型など、食に関することを話題にすると押し問答になりやすく、聴き手には理解してもらえないという気持ちにさせてしまうため、できるだけ避けるようにします。

拒食症になったのはお母さんのせいよ
いいえ、お父さんのせいよ
自分が悪いんだろ
悩んだあげくに、家族の中で犯人捜《さが》しをしてしまうことも、よくあります

強迫性障害のある人への対応

強迫《きょうはく》性障害は、本人もおかしいと自覚しているのに強い不安やこだわりから逃れられず、同じ行為を繰り返してしまう病です。

心の動き

強迫性障害は不安障害の一種で、**強迫観念**と**強迫行為**の二つの症状がみられます。

強迫観念は自分の意志に反して頭に浮かび、払いのけることができない考えのことです。一方の強迫行為は、強迫観念から生まれた不安を打ち消すためにやらずにはいられない行為のことをいいます。

外出してから、戸締まりや火の始末を忘れていないか気になって家に戻ったという経験は、誰にでもあるでしょう。しかし、何度戻って確認しても安心できず、**約束の時間に遅れてしまうようなことがたびたびある場合は、強迫性障害が疑われます。**

汚れに対する恐怖から、何度手を洗っても安心できなかったり、ドアノブなどをさわれなかったりする人もいます。外出先から戻るとすぐにシャワーを浴び、すべて着替えないと汚れが気になってしかたがなく、**家族にも同様の行為を強制する**人もいます。

加害恐怖のある人は、誰かに危害を加えたのではないかという不安が心を離れず、新聞やテレビをチェックし、ときには警察に問い合わせて確認することもあります。

また、不吉な数字や幸運な数字、物の配置に強いこだわりがみられる人もいます。

これらの強迫行為は、どんなに繰り返しても不安感や不快感を消し去ることができるわけではありません。それなのに考えずにはいられず、やらずにいられないというのは、とてもつらいことなのです。

家族が本人のかわりにやってしまうなど干渉しすぎも、症状を悪化させる可能性がある

アプローチの方法

強迫性障害の症状は、誰でも多少思い当たる節があり、性格の問題だととらえて受診しない人も多いようです。しかし神経質や心配性のレベルを超えて、**本人がつらいと感じていたり日常生活に支障がでていたりするときは、専門機関に相談してみる必要があります。**

家族が強迫性障害のある人の意見を強く否定してしまうと、**自分の考えや行動に自信をなくし、症状を悪化させてしまう**ことがあります。

また、家に戻ったときにシャワーを浴びるよう強制されたときなどに、家族が**相手の不安を和らげようとその要求を受け入れると、それが習慣となり、ますますやめるのが難しく**なってしまいます。知らず知らずのうちに、強迫行為に巻き込まれてしまわないように、家族は十分に注意する必要があります。

認知症高齢者への対応

急速に高齢化が進んでいる日本では、認知症高齢者の数はうなぎ登りで増え、認知症高齢者への対応は対岸の火事ではなくなっています。

心の動き

認知症を患ったばかりの人は、以前より物事をうまくやることができなくなったことを理解しています。しかし、「年だから仕方がない」と思っていたり、弱みを家族に見せたくないと思っていたりして、自分から言い出すことはあまりありません。

それでも、心のどこかで助けてほしいと感じていて、さりげない心づかいを望んでいます。

助けてほしいのに言い出せないという葛藤《かっとう》をしているうちに、失敗が増え、**家族からそれを叱責《しっせき》されることが多くなると、不安が強くなり、精神的に不安定になります**。すると、落ち着きがなくなり、すぐに怒りだすなどの変化がみられるようになります。

アプローチの方法

認知症になると、思考力だけでなく動作も鈍くなり、何をするにも時間がかかるようになります。また少し前の出来事も忘れてしまうため、同じことを繰り返し尋ねることもよくあります。

介護で疲れていると、そんな相手にイライラして口調もきつくなりがちですが、**強い言葉や高圧的な態度は、相手の不安を増幅してしまいます**。

認知症が進行して、物事の事実関係を覚えていられない状態になっても、そのときに抱いた感情は残ります。そのため**失敗した事実は忘れても、叱《しか》られたことによって受けたイヤな感情だけは残る**のです。

認知症の人は、記憶が徐々に失われていくことや少し前のことも思い出せないことへの不安や怒りなどから、大声で叫んだり攻撃的になることもよくあります。そんなときも**焦《あせ》らず、相手の話をよく聴き、その怒りや悲しみに寄り添うようにしましょう**。どうしても治まらないときは、落ち着ける環境に移動したり、別の人に対応してもらうことで、症状が治まることもあります。

徘徊も認知症の行動・心理症状の一つです。本人は目的があって出かけるのですが、歩いている途中で目的を忘れてしまったり、場所がわからなくなって、道ばたに座り込んでいたり、遠くで保護されたりすることもあります。徘徊が続くと、本人の安全を考えて部屋に鍵をかけたくなりますが、**本人は徘徊したことを覚えていないため、閉じ込められたことに屈辱を覚えます**。すると、症状が悪化することもあり、注意が必要です。

外に出かけようとしたら、「送りましょう」と声をかけて一緒に歩き、しばらくしてから「そろそろ帰りましょう」と誘導してみます。

どんなときも**「叱らない」「否定しない」が基本です。**

認知症のある人の恋愛相談への対応

認知症があっても、恋愛感情が生じるのはとても自然なことです。恋愛について相談されたら、どのように応じればいいのでしょうか?

心の動き

恋愛について他人に相談したいと思うのは、たいていはうまくいかないことがあるときです。

片思いの相手に自分の気持ちを伝えるにはどうしたらいいか、相手の気持ちがわからない、相手とけんかをしてしまって仲直りの仕方がわからない、相手が急に冷たくなった、嫌われたのではないかなど、**認知症などの精神疾患のあるなしにかかわらず、恋愛相談の内容はほぼ共通しています。**

また、**結婚できるだろうかと相談してきた場合は、病気への不安があり、認知症に対する世間の否定的な目を感じて、自信をもてずに迷っている**ケースが多くみられます。

アプローチの方法

多くの人は、高齢者には恋愛も性も必要ない、まして認知症があるならなおさらだと考えているのではないでしょうか。

しかし、いくつになっても恋愛感情は人生に花を添え、生活にハリをもたらしてくれるものです。しかし楽しいばかりでは済まないことが多いのも恋愛の特徴で、ときにはつらく悲しい思いをし、孤独感を深めてしまうこともあります。

認知症だから、高齢者だからといって、特別なことは何もありません。

恋愛感情というものは、当人どうしにしかわからない複雑な動きをするものであって、いくつもの答

えが存在するものです。

第2章で説明したように、この手の相談は単純に答えを与えても解決するものではありません。相手はあなたに意見を求めているように見えて、自分の心に問いかけています。**何に悩んでいるのか、何を迷っているのか、そしてどう対処すればいいのかを主体的に考える機会を奪ってはいけません。**

相手に真剣に向き合い、本人が答えを出せるまで話を聴くことが、あなたのやるべきことです。

病気への不安から結婚できないと悩んでいる人には、認知症で結婚した人の事例などの情報を提供して、不安を解消してあげることが、自己実現に向けた支援の方法の一つといえます。

話し手から「好き」と打ち明けられたときの対応

傾聴し信頼関係を築くと、温かい心の交流が生まれ、それが恋愛感情に発展してしまうことがあります。

心の動き

恋心を抱くきっかけはいろいろです。

たとえば、相手が自分に好意をもってくれているのではないかと思ったとたんに、相手のことが気になってしかたがなくなり、好きになってしまうことがあります。これは、**好意を受けた相手にはお返しをしたくなる好意の返報性**（P20参照）によるものと考えられます。

困っているときに助けてもらった相手には、返報性の原理がより強く働くのは当然です。対人援助関係では、援助者は親身になって話を聴き、困っている被援助者を支えるために手を尽くします。すると被援助者は、自信をなくし不安だらけのときに心の支えとなってくれた人を頼りにし、同時にその好意に対しお返しがしたくなります。こうして**対人援助関係には、ごく自然に恋心が芽生える土壌が醸成《じょうせい》されている**のです。

また対人援助関係は、**感情転移**（P118参照）**が起こりやすい状況にあり、聴き手をこれまで出会った人物と置き換えている**こともよくあります。

アプローチの方法

話し手が自分に恋愛感情をもったことに気づかずにいると、知らないうちにその感情に巻き込まれ、個人的なつきあいに発展してしまうことがあります。

しかし**対人援助は、客観的な視点を失ってしまうと成立しなくなります。**もしも話し手から「好き」

と打ち明けられたとしても、**恋愛関係に発展しないように処理する**ことが大事なのです。

たとえば、恋心を打ち明けられたときに、聞こえなかったふりをするよりも、「あら、みんなに自慢しちゃおう」などと朗《ほが》らかに答えたほうが、個人的な感情ではなく、援助者としてその言葉を受け止めたということが、相手に伝わりやすいでしょう。

とはいえ、一度芽生えてしまった恋愛感情はなかなか拭《ぬぐ》い去れないものです。うまく処理できないときは、担当をかわってもらい、しばらく距離をおくようにします。

話し手を単なる援助の対象として見ているだけでは、話に共感することはできず、よい援助関係は生まれません。**心のどこかで親愛の情を感じながら、しかし相手の感情に巻き込まれることなく、どんなときも自他の区別をもちつづける**ことが、援助のプロなのです。

ターミナル期を迎えた人への対応

ターミナル期とは、病気が治る可能性がなく、余命がおよそ半年程度と予測される期間のことで、終末期とも呼ばれます。

心の動き

治療の手立てがない、残り少ない命だと知ると、人は「何かのまちがいだ」と、その事実を否認しようとします。そして、絶望と病による身体的苦痛が相まった苦しみを味わうことになります。そこに、死に対する恐怖、誰にも助けてもらえない孤独感、愛する人たちを失う喪失感も加わります。

その状況に耐えきれず、「なぜ自分がこんな目にあわなければいけないんだ」という怒りの気持ちでいっぱいになり、**世話をしてくれている家族などまわりの人に当たり散らすこともあります。**怒りを素直に表現できずに、**抑うつ状態に陥る人もいます。**

こういった心理状態を経験して、のちに自分の運

怒りのほこさきは自分の運命に向けられているが、代償という防衛機制が働き、まわりの人間に八つ当たりをする人も多い

命に対する怒り、死に対する恐怖や絶望が弱まり、**自分の死を受容する**ようになって、**心に平安が訪れる**人もいます。

アプローチの方法

ターミナル期の最大の目標は、**苦痛を取り除いてQOL《キューオーエル》（生活の質）を向上させる**ことです。

ターミナル期を迎えた人は、死に対する恐怖、医師や家族から見捨てられる不安などに苦しんでいます。しかし**本人が望んでいるのは、はげましではありません。相手のつらい気持ちを受け止め、理解しようとする傾聴が心のケアの基本**となります。

話を聴くときは、自分の価値観をもちこまないようにしましょう。「こうしたらいいのではないか」といった意見も不要です。**ターミナル期を迎えた人の気持ちは、本人にしかわかりません。**相手の話に関心をもちながら耳を傾けるようにします。

ターミナル期にある人の心は複雑です。うまく言葉にあらわせないこともあります。そんなときに急かしたり質問攻めにしたりすると、相手は話す意欲を失ってしまいます。**相手のペースに合わせて話を聴き、ときには沈黙して、相手の考えがまとまるのをじっと待つ**ことも大事なことです。

またターミナル期は、身体的にも精神的にも長時間話すことが難しくなります。疲れた様子がみられたら、無理をさせないように、会話の続きを聴く時間を約束して、その場を離れるようにします。

高齢者の口から「死」が語られると、まわりの人間はその話題を避けるために話題を変えようとしてしまいがちです。しかし、死に対する揺れる気持ちがあったとしても、本人はその気持ちを聴いてもらいたいから話し始めたのです。**否定もせず、助言もせず、覚悟をもって、本人の語る言葉をそのまま受け止めてあげるようにしましょう。**

【参考・引用文献等】（書名・タイトル五十音順）

土居健郎著『甘えの構造』弘文堂

奥野洋子「〝援助すること〟と〝援助されること〟―対人援助関係の二重性」

山口智子編『老いのこころと寄り添うこころ―介護職・対人援助職のための心理学』遠見書房

「精神科臨床サービス〈特集〉ふだんの面接に生かせる精神療法のエッセンス」（第8巻1号）星和書店

「月刊学校教育相談」編集部編『相談活動に生かせる15の心理技法』ほんの森出版

河合隼雄著『カウンセリングを語る上・下』講談社＋α文庫

江川玟成著『カウンセリング入門』北樹出版

国分康孝著『カウンセリングの技法』誠信書房

玉瀬耕治著『カウンセリングの技法を学ぶ』有斐閣

神奈川県教育庁保健体育課「学校における薬物乱用緊急対応マニュアル」

佐藤晴雄「学校における保護者対応について」

白井幸子著『看護にいかすカウンセリング―臨床に役立つさまざまなアプローチ』医学書院

白井幸子著『看護にいかす交流分析―自分を知り、自分を変えるために』医学書院

池谷裕二著『記憶力を強くする―最新脳科学が語る記憶のしくみと鍛え方』講談社ブルーバックス

奥野洋子「教師のメンタルヘルス」

富永裕久著『心と脳はここまでわかった！目からウロコの脳科学』（茂木健一郎監修）ＰＨＰ

厚生労働省 中央労働災害防止協会「こころの健康 気づきのヒント集」

吉岡恒生「子どもを援助する者の心の傷とその影響」

須加美明「サービスを拒む利用者との関係形成」

バーバラ・コロローソ著『最悪なことを、子どもとともに乗りこえる心の習慣』（田栗美奈子訳）ＰＨＰ研究所

芝毅・中島珠実・若江亨・土居浩・渡邉俊・井上睦美・新良重徳「自己表現が苦手な子どもや保護者への支援の在り方」

栃木県・栃木県教育委員会「思春期の子どもを理解するために―小学校6年生保護者の皆さんへ」
厚生労働省HP「知ることから始めよう みんなのメンタルヘルス」
副田あけみ・遠藤優子編著『嗜癖問題と家族関係問題への専門的援助―私的相談機関における取り組み』ミネルヴァ書房
小山充道「心理的援助の本質と援助者の資質・役割」
財団法人メンタルケア協会編『精神対話士という生き方』TAC出版
EATファミリーサポートの会HP「摂食障害の理解と治療のために」
土井裕貴「対人援助職におけるバーンアウト・感情労働の関係性―精神的な疲労に着目する意義について」
小山顕「対人援助専門職へと導く要因」
望月昭編『対人援助の心理学（朝倉心理学講座17）』朝倉書店
家本芳郎編著『どの子も伸びる 中学校 どう指導する 問題をかかえた子 100事例』ひまわり社
内閣府子ども若者・子育て施策総合推進室「ひきこもり支援者読本」
厚生労働省「ひきこもりの評価・支援に関するガイドライン」
馬場礼子・青木紀久代著『保育に生かす心理臨床』ミネルヴァ書房
岐阜県教育委員会「保護者対応の手引き」
アレン・E・アイビイ著『マイクロカウンセリング―〝学ぶ‐使う‐教える〟技法の統合：その理論と実際』（福原真知子・椙山喜代子・國分久子・楡木満生訳編）川島書店
メンタルケア協会編『メンタルケア論』メンタルケア協会
「臨床心理学〈特集〉対人援助職のこころの健康」（第6巻第5号）金剛出版
池埜聡「臨床ソーシャルワークにおける代理性心的外傷ストレス―心的外傷（トラウマ）治療と援助者への心理・精神的影響に関する理論的考察」
C・R・ロジャーズ著『ロジャーズが語る自己実現の道』（諸富祥彦・末武康弘・保坂亨共訳）岩崎学術出版社
土田英人「若者の薬物乱用・依存」

さくいん

監修者略歴

古宮　昇（こみや・のぼる）

心理学博士、臨床心理士、公認心理師。米国州立ミズーリ大学コロンビア校より心理学博士号（PhD. in Psychology）を取得。ノースダコタ州立こども家庭センター常勤心理士、パイングローブ精神科病棟インターン心理士、州立ミズーリ大学コロンビア校心理学部非常勤講師、ニュージーランド国立オークランド工科大学心理療法学大学院客員教授などを経る。現在、神戸のカウンセリング・ルーム輝（かがやき）にてカウンセリングを行っている。

執筆者略歴

編集工房Q（へんしゅうこうぼうきゅう）

人間の複雑さ、豊かさに焦点をあて、一方的な情報提供ではなく、わかりやすく楽しみながら思考をめぐらせる本づくりを心がけている。介護、福祉、対人援助分野を得意とし、多数の書籍の制作、編集、執筆を手がける。

本書に関するお問い合わせは、書名・発行日・該当ページを明記の上、下記のいずれかの方法にてお送りください。電話でのお問い合わせはお受けしておりません。
・ナツメ社 web サイトの問い合わせフォーム
　https://www.natsume.co.jp/contact
・FAX（03-3291-1305）
・郵送（下記、ナツメ出版企画株式会社宛て）
なお、回答までに日にちをいただく場合があります。正誤のお問い合わせ以外の書籍内容に関する解説・個別の相談は行っておりません。あらかじめご了承ください。

プロカウンセラーが教《おし》える
場面別《ばめんべつ》 傾聴《けいちょう》 術《じゅつ》レッスン

ナツメ社Webサイト
https://www.natsume.co.jp
書籍の最新情報（正誤情報を含む）はナツメ社Webサイトをご覧ください。

2015年7月22日　初版発行
2024年7月10日　第10刷発行

監修者　古宮《こみや》　昇《のぼる》
発行者　田村正隆

発行所　株式会社ナツメ社
東京都千代田区神田神保町 1-52　ナツメ社ビル 1F（〒 101-0051）
電話　03（3291）1257（代表）　FAX　03（3291）5761
振替　00130-1-58661

制　作　ナツメ出版企画株式会社
東京都千代田区神田神保町 1-52　ナツメ社ビル 3F（〒 101-0051）
電話　03（3295）3921（代表）

印刷所　ラン印刷社

ISBN978-4-8163-5856-2